사회주의
재발명

Die Idee des Sozialismus
Versuch einer Aktualisierung
by Axel Honneth

© Suhrkamp Verlag Berlin 2015.
All rights reserved by and controlled through Suhrkamp Verlag Berlin.

3 악셀
호네트
선집

사회주의 재발명

악셀 호네트 지음
문성훈 옮김

사월의책

사회주의 재발명

1판 1쇄 발행 2016년 9월 30일
1판 2쇄 발행 2020년 12월 30일

지은이 악셀 호네트
옮긴이 문성훈
펴낸이 안희곤
펴낸곳 사월의책

편집 박동수
디자인 김현진

등록번호 2009년 8월 20일 제396-2009-126호
주소 경기도 고양시 일산서구 중앙로 1388 동관 B113호
전화 031)912-9491 ｜ 팩스 031)913-9491
이메일 aprilbooks@aprilbooks.net
홈페이지 www.aprilbooks.net
블로그 blog.naver.com/aprilbooks

ISBN 978-89-97186-03-7 94100

* 책값은 뒤표지에 있습니다.
* 이 도서의 국립중앙도서관 출판예정도서목록(CIP)은 서지정보유통지원시스템 홈페이지(http://
seoji.nl.go.kr)와 국가자료공동목록시스템(http://www.nl.go.kr/kolisnet)에서 이용하실 수 있습니다.
(CIP제어번호: CIP2016020835)

처음부터 모든 것을 수월하게 만들어준
나의 아들 요하네스와 로베르트에게

"다시 용기를, 나의 형제, 나의 누이여!
버티어라—어떤 일이 있더라도 자유는 끝끝내 지켜야 한다.
한두 번의 실패나 여러 차례의 좌절,
민중의 무관심이나 배은망덕, 혹은 어떤 부실을 만나더라도,
권력, 군대, 대포, 형법의 이빨을 드러내더라도
자유는 그것으로 누를 수 없다.

우리들이 믿어 마지않는 것은 대륙 속에 영원한 그 모습을 숨기고
　　　　대기하며
아무도 부르지 않고, 기약도 않으며 조용히 햇볕 속에 앉아 있고
　　　　자신에 차 차분하며 실망을 모르고
끈기 있게 기다린다. 때가 오길 기다린다."

월트 휘트먼, 「좌절한 유럽의 혁명가에게」(1856), 『풀잎』(유종호 옮김)

차례

반갑게도 나의 책 『사회주의 재발명』이 한국어로 출간되었다. 내가
이 책의 맨 마지막에서 다루었던 문제는 사회주의 프로젝트가 일국
적이냐, 아니면 국제적이고 지구적인 차원의 정치냐 하는 점이다.
이 문제는 노동자 운동의 역사에서 처음부터 중대한 역할을 했다.
나는 이 책에서 이 문제에 대해 임시적이며, 아직은 암중 모색적인
대답만 제시했다. 즉 사회주의가 오늘날 비록 사회적 자유의 확산이
라는 세계적 차원의 프로젝트로 이해되어야 하지만, 이것이 동원력
과 정치적 영향력을 갖기 위해서는 지역적 전통에 닻을 내림으로써
어느 정도 윤리적 실체를 확보할 수 있어야 한다는 것이다.

　이런 점에서 사회주의는 장차 두 가지 모습으로 존재해야 할 것이
다. 한편으로 사회주의는 지구적 차원의 동의를 얻는 "얇은" 정치적
주장이어야 하며, 다른 한편으로 지역적 전통과 결합된 문화적으로
두터운 주장이어야 한다. 나의 책의 한국어 출간은 두 가지 모습의
사회주의 테제에 대한 결정적 시험대가 될 것이다. 왜냐하면 나의
생각이 옳다면, 나의 연구의 한국 수용은 시간이 얼마나 걸리든 결
국 여기서 전개된 사고가 한국 고유의 문화적 전통들을 통해 풍부해
짐으로써 지역적 적용에 도달할 수 있도록 할 것이기 때문이다. 이

때문에 나의 어떤 다른 책보다도 이 작은 연구가 한국에서 어떤 영향사를 만들어 낼지 더욱더 긴장이 된다.

나는 이 책의 한국어 출판에 관여한 모든 사람들에게 감사한다. 나는 나의 길고 긴 문장들을 다른 언어로 번역한다는 것이 얼마나 어려운 일인지 뼈저리게 알고 있다. 그렇기 때문에 나는 누구보다도 이러한 고통스런 작업을 수행해준 문성훈에게 감사한다. 그는 오랜 기간 나의 제자였고, 프랑크푸르트 대학에서 박사학위 논문을 썼다. 지금 그가 당시의 생산적이었던 우리들의 공동 작업에 대한 감사를 이렇게 나의 연구를 한국어로 옮김으로써 되갚아 주고 있다. 나는 이에 대해 진심으로 감사한다. 또한 나는 이 책의 출판사에게도 특별히 감사한다. 다시 강력해진 것처럼 보이는 자본주의의 시대에 사회주의를 재가동시키려는 나의 책을 한국 독자들이 볼 수 있게 만든다는 것은 상당한 위험을 감수하는 일이기 때문이다.

악셀 호네트
프랑크푸르트 암 마인, 2016년 3월

2008년 금융위기 이후 '저항하라', '분노하라'는 외침과 함께 세계 곳곳에서 시위와 봉기가 일어났다. 튀니지에서 시작된 대규모 시위를 필두로 이집트, 리비아, 시리아 등으로 확산되었던 '아랍의 봄', 미국 금융의 중심인 월스트리트에서 일어난 '점령 운동', 그리고 스페인의 '인디그나도스 운동' 등. 수많은 젊은이들이 고삐 풀린 신자유주의의 횡포에 맞서 '1 대 99' 사회라는 전대미문의 경제적 불평등을 규탄했고, 이를 해결하지 못하고 오히려 확산시키고 있는 대의민주주의의 무능을 비판했다. 이들에게 오늘날의 사회는 금권과 정치 권력이 결탁한 새로운 독재요, 새로운 신분사회였다.

그렇다면 이제 우리는 어떤 사회를 소망하고, 또한 만들어 가야 할까? 분명 우리는 무엇이 잘못되었는지 알고 있다. 한국 사회만 보더라도, 우리는 상위 10%가 전체 소득의 50%를, 하지만 하위 70%는 단지 전체 소득의 10%만을 차지하고 있는 현실에 분노한다. 우리는 정규직은 평균 283만 원을 받지만 같은 일을 하고도 비정규직이란 이유로 151만 원을 받는 현실에 분노한다. 그리고 우리는 이런 불평등과 불의는 수수방관하면서 당권이니, 계파니 하며 자리보존에만 혈안이 되어 있는 정치인들에 분노하고, 이들을 지속적으로 선출하고 있는 작금의 민주주의 질서에 분노한다. 결국 우리는 '금수저-흙수저' 사회가 된 현실 앞에서 OECD 국가 중 자살률 1위, 저출산율 1위, 행복지수가 바닥이라는 치욕적인 수치에 분노한다. 살기도 싫고, 아이 낳기도 싫다. 현재도 미래도 행복할 것 같지 않기 때문이다.

도대체 이런 현실 앞에서 분노하지 않을 수 있을까? 그러나 분노 이후에 우리는 어떤 사회를 만들어야 할까? 이 모든 문제점이 해결된 사회? 그렇다면 다시 질문해야 한다. 사회가 어떻게 구성될 때 이런 문제점이 사라질 수 있을까? 과연 경제적 불의와 정치적 무능을 야기한 사회 자체의 수술 없이 이러한 문제들을 고쳐 낼 수 있을까? 이런 점에서 지금 중요한 것은 분노만이 아니다. 이보다 더 중요한 것은 바로 어떻게 사회를 변혁해야 할 것인지 그 방향을 제시할 수 있는 진보 비전이다. 왜냐하면 미래를 이끌 진보 비전이 없다면 우리의 분노는 도무지 변할 것 같지 않은 현실 앞에서 체념으로 변하고, 포기로 이어지거나, 그저 맹목적인 분노 폭발로 나아갈 수밖에 없기 때문이다.

20세기 초부터 현존 사회를 비판하고 대안 사회를 모색하려 했던 프랑크푸르트학파. 호르크하이머, 아도르노, 벤야민, 마르쿠제, 프롬, 하버마스 등 기라성 같은 철학자들의 뒤를 이어 프랑크푸르트학파의 지적 전통을 계승한 악셀 호네트. 그가 이러한 질문에 답한다. '다시 사회주의!'라고.

사실 프랑크푸르트학파는 1930년대만 해도 사회주의를 이성의 실현으로 봄으로써 이를 자본주의에 대한 대안으로 삼았다. 그러나

『계몽의 변증법』 이후 독일 나치즘의 국가사회주의, 미국의 독점자본주의, 그리고 소련을 위시한 사회주의 국가 모두를 전체주의로 규정함으로써 사회주의와 자본주의를 넘어 제3의 길을 모색하려고 했다. 물론 이러한 시도는 현대 사회를 더 이상 생산양식이 아니라, 합리성 개념을 통해 분석하는 패러다임 전환을 전제한 것이었다. 하버마스가 주장하듯이 현대 사회는 도구적 합리성이 사회 전체로 확대되는 합리화 과정의 산물일 뿐 아니라, 이를 통해 동시에 생활세계 내의 의사소통적 합리성이 잠식되어 가는 이중적 과정이라는 것이다. 따라서 하버마스에게 현대 사회의 핵심적 과제는 다시 의사소통적 합리성을 회복하는 것이었다. 이러한 사회 비판과 대안 모색은 호네트에 이르러 새로운 국면을 맞이한다. 호네트는 합리성 개념이 아니라, 인정과 무시라는 개념을 통해 현대 사회를 분석할 뿐 아니라 그 대안을 제시하려 했기 때문이다. 호네트는 지금까지 오늘날의 사회를 사랑, 권리, 가치부여라는 근대적 인정양식의 제도화로 규정하면서 사회적 인정의 내용과 대상의 확대를 통해 더 많은 사회구성원의 보편성과 특수성이 실현되는 것을 도덕적 진보로 간주했다. 이런 호네트가 이제 사회주의를 말한다.

하지만 사회주의는 1989년 현실 사회주의 몰락 이후 이미 시효를 다했고, 이젠 역사적 유물, 그것도 역사적 오류의 유물로 사라진 것 아닌가? 그런데도 과연 사회주의에서 새로운 진보 비전을 발견할 수 있을까? 사회주의는 프랑스 대혁명 이후 자본주의에 대한 대안으로 등장했고, 근 200여 년간 그 역할을 수행했었다. 그러나 자본주의가 지속적 변신을 통해 자신의 위기를 극복해 왔다면, 어느덧 사회주의는 이데올로기적 경직성에 갇혀 위기의 극복이 아니라 몰락의 길을 걸었다. 만약 사실이 이렇다면 사회주의 역시 자본주의의 문제점이 극에 달한 현 시점에서 자기 변신을 시도하지 못할 이유가 없으며, 자본주의에 대한 대안이라는 태생적 역할을 포기할 이유도 없다. 다만 어떤 변신인가만이 문제일 뿐이다. 이런 점에서 호네트가 진보 비전에 대한 답으로 제시한 것은 단지 사회주의가 아니라, 사회주의를 새롭게 변신시키는 것, 즉 사회주의의 재발명이다.

그렇다면 호네트는 어떻게 사회주의를 재발명해 낼까? 그리고 그가 말하는 사회주의는 이전의 사회주의와 무엇이 다를까? 우선 호네트는 사회주의의 재발명을 위해 낡은 사회주의를 청산한다. 즉 사회주의는 더 이상 중앙집권적 계획경제를 의미하지 않으며, 사회주의는 더 이상 프롤레타리아라는 혁명 주체도, 자본주의 붕괴와 더불어 사회주의가 도래한다는 식의 역사적 필연성도 주장하지 않는다. 그리고 사회주의는 더 이상 경제적 생산양식이 사회 전체를 결정한다는 경제 결정론을 신봉하지도 않는다. 왜 그럴까? 중앙집권적 계획경제라는 발상은 자본주의 시장경제에 대한 대안으로 제시된 것일 뿐, 민주적 통제기관을 통해 시장을 '사회화'할 수 있다면 사회주의가 시장을 포기할 필요는 없다. 더구나 이러한 발상은 역설적으로 시장이 모든 정치적 영향으로부터 독립된 채 오직 효율성 논리에 따라서만 작동한다는 '자유 시장' 이데올로기를 전제한 것일 뿐 아니라, 시장을 바로 자본주의와 등치시키는 부르주아 경제학의 오류를 반복할 뿐이다. 또한 혁명 주체로서 프롤레타리아를 가정한다는 것은 오늘날 존재하는 직업 생활자들 사이의 다양성과 이질성, 그리고 산업노동자들의 지속적 감소를 고려할 때 현실 적합성을 가질 수 없으며, 자본주의에 이어 사회주의가 필연적으로 도래하리라는 믿음은 사회 변혁을 위해 어떤 대책들이 필요하고, 또 어떤 잠재적 가능성들이 현재하고 있는지를 탐색하는 데 방해가 된다. 더구나 경제적 생산양식이 모든 사회적 영역을 결정한다는 생각은 현대 사회가 보편적 권리에 기초한 정치적 의사형성 영역이나 강제 없는 애착 관계에 기초한 친밀성 영역 등 각기 독립적인 영역으로 분화되어 온 사회변동 과정에 대한 무지만을 드러낼 뿐이다.

그렇다면 이제 새로 발명된 사회주의란 무엇을 말할까? 호네트가 말하는 사회주의는 생산수단의 공유라는 대안적 생산양식도 아니고, 능력에 따라 일하고 성과에 따라 분배받는다는 분배 원칙도 아니다. 호네트는 무엇보다도 사회주의가 갖는 본래의 의미에서 출발한다. 즉 사회주의는 문자 그대로 사회가 '사회적'이 되도록 만들어야 한다는 주의 주장이자 실천운동으로서 그 핵심은 바로 '사회적 자유'에 있다는 것이다. 역사적으로 볼 때 사회주의의 등장 배경이 되었던 것은 프랑스 대혁명이 약속했던 자유, 평등, 우애의 실현이 좌절되면서 점차 극에 달했던 근로대중에 대한 착취와 지배, 그리고 생존마저 위협하는 경제적 불평등 상황이었다. 초기 사회주의자들은 이러한 상황의 원인을 시장에서의 자유로 축소된 개인적 자유가 결국 사적 이익을 좇는 이기적 자유로 변질됨으로써 자본주의 경제에 대한 사회적 통제가 불가능해지고, 결국 프랑스 대혁명이 약속했던 우애의 원칙과 대립했기 때문이라고 보았다. 따라서 이들은 자유 이념에서 사적 이익 추구라는 특징을 제거하고, 강제 없는 협력을 통해 자본주의 시장에 대한 사회적 통제를 확립함으로써 자유와 우애의 원칙을 화해시키려 하였다. 그리고 이들은 바로 이를 통해 사회가 비로소 사회적이 된다고 봄으로써 이를 자본주의 사회에 대한 대안적 공동체로 제시했다. 호네트가 이러한 사회주의적 주의 주장의 핵심을 '사회적 자유'로 규정한 것은 이러한 새로운 공동체가 다름 아닌 사회적 자유가 새로운 사회구성 원리로 제도화될 때 가능하다고 보았기 때문이다.

분명 사회적 자유란 개인주의적 자유와 다를 뿐 아니라 이에 대한 대안이다. 개인주의적 자유란 독립성이란 미명하에 고립된 주체를 전제할 뿐 아니라 이를 강화하려고 한다. 따라서 자유란 개인 스스로가 정한 목표나 원칙에 따라 행동하는 자율적 행위를 말하게 되지만, 이 독립된 주체에게 타인은 항상 자신의 자유 실현의 장애이거나 한계일 뿐이다. 이런 점에서 개인주의적 자유는 타인의 자유를 침해하지 않는 선에서 개인의 자유가 보장된다는 점을 최고의 원칙으로 삼는다. 그런데 이러한 자유가 이기주의적 자유로 변질될 가능성이 있는 것은 바로 독립된 개인만이 자유의 주체일 뿐, 이 주체에게 타인은 항상 행위의 대상이라는 지위를 갖기 때문이다. 즉 자유의 주체에게 타인은 객체라는 것이다. 이런 점에서 개인주의적 자유에는 타인을 자유 실현의 도구나 수단으로 간주할 위험성이 상존하며, 이것이 자유를 이기주의적 자유로 만들게 된다.

그러나 사회적 자유란 이런 독립적 주체를 전제하지 않으며, 따라서 자기 스스로 독립적으로 설정한 목표나 원칙을 타인의 방해 없이 실현하는 것을 자유로 보지 않는다. 사회적 자유는 일종의 상호주관적 주체를 전제한다. 이는 헤겔 식의 표현을 빌린다면, 내가 타인 속에서, 역으로 말하면 타인이 내 안에서, 자기 자신으로 존재하는 주체이며, 하버마스 식으로 말한다면 타인의 관점에서 자기 자신을 반성할 줄 아는 주체이다. 이런 주체에게 타인은 행위의 대상이 아니라, 또 다른 주체이다. 즉 상호주관적 관계 속에서 나와 타인은 주체와 객체의 관계가 아니라, 주체와 주체의 관계를 형성한다는 것이다. 왜냐하면 내가 내 안에 존재하는 타인 때문에 그의 기대를 마치 나의 욕구인 양 인정한다면 타인은 객체가 아니라, 나에게 특정한 행위 기대를 갖고 있는 주체가 되며, 동시에 나 역시도 나 자신의 욕구의 주체가 되기 때문이다. 그리고 내가 타인의 시각에 따라 나 자신을 반성한다면, 나 스스로도 자기반성의 주체가 되지만, 타인 역시 특정한 시각을 통해 나에게 영향을 미치는 주체로 존재하게 된다. 더구나 이러한 행동이 상호적으로 이루어진다면 나와 타인은 단지 분리된 주체가 아니라, 상호 인정과 동의 형성을 통해 합일된 주체가 된다. 즉 상호주관적 관계는 두 주체가 독립과 합일의 관계를 형성하는 이중적 과정이라는 것이다.

이러한 상호주관적 관계를 전제한다면 이제 자유는 완전히 새로운 모습을 갖게 된다. 왜냐하면 자유의 주체는 단지 독립된 존재가 아니라, 동시에 합일된 존재이며, 나의 자유란 타인의 자유의 한계가 아니라, 오히려 가능 조건이 되기 때문이다. 즉 자유의 주체들이 각기 타인이 하고자 하는 바를 마치 자기가 하고자 하는 것인 양 행동한다면, 자유의 주체들은 자기가 원하는 것을 타인의 지원 하에 상호적으로 실현할 수 있게 된다는 것이다. 더구나 자유의 주체들이 원하는 것이 타인과 무관하게 형성된 것이 아니라, 타인과의 상호 작용 속에서 형성된다면 자유란 이제 타인과의 관계 속에서 형성되고, 타인과의 관계 속에서 실현되게 된다. 따라서 사회적 자유를 통해서 사회구성원은 단지 함께 존재하는 것이 아니라, 서로를 위해 행동하게 되며, 이것이 바로 사회가 진정으로 사회적이 되는 방법이다.

사회주의란 바로 이러한 사회적 자유가 다양한 사회 영역에서 그 구성 원리로 제도화되는 것을 말한다. 물론 초기 사회주의자들이 사회적 자유라는 명확한 개념을 갖고 있었던 것은 아니지만, 이들 역시 '연합'이나 '협력' 같은 어휘를 사용하면서 개인들의 자아실현이 서로의 자아실현을 위한 조건이 되는 새로운 생산 및 분배 방식을 구현하려고 하였다. 예를 들어 로버트 오언은 상호 협력과 상호 호의에 따른 연대 형성을 위해 노동협동조합 설립을 제안했으며, 생시몽과 그 추종자들은 자본주의에 대한 대안으로 중앙집권적 계획경제를 주장하면서도 이것이 사회구성원 간의 상호 지원에 기초한 보편적 연대를 형성할 것이라고 보았다. 또한 푸리에와 그 제자들 역시 사회구성원 간의 강제 없는 협력을 위해 '팔랑스테르'라는 자유로운 생산자 연합을 창안하였다. 그리고 사회적 자유를 사회주의가 표방하는 새로운 사회구성 원리로 간주한다면, 오늘날 논의되고 있는 이른바 인간적 시장경제나 협동조합, 그리고 사회복지 실현을 위한 경제적 재생산 통제 등도 여기에 해당된다.

그러나 사회구성 원리로서의 사회적 자유가 비단 경제적 영역에만 적용되는 것은 아니다. 경제 결정론이 아니라, 현대 사회에서 발생한 사회분화 과정을 전제한다면, 정치적 영역에서 서로 다른 주체들이 합의를 만들어 가는 민주적 의사형성 역시 사회적 자유의 실현이라고 볼 수 있으며, 친밀성 영역에서 상호애착 관계를 통해 남성과 여성이 서로를 배려함으로써 각기 자신의 욕구와 희망을 실현하는 것도 이와 마찬가지이다. 이런 점에서 호네트는 비단 경제적 관계에서만이 아니라, 친밀성이라는 인격적 관계, 그리고 정치적 의사형성 영역에서도 사회적 자유의 잠재력이 실현되어야 함을 주장할뿐 아니라, 이러한 독립적 자유 영역들이 실천적 협력을 통해 전체사회라는 더 높은 차원에서 통일성을 형성할 것을 주장한다. 이것이바로 호네트가 제시하는 새로운 사회주의의 모습이다.

그렇다면 과연 이런 사회주의가 실현될 수 있을까? 자본주의의 필연적 붕괴와 사회주의의 도래를 믿지 않는다면 어떻게 사회주의의실현을 희망해 볼 수 있을까?

호네트는 역사적 필연성이라는 신화에서 벗어나 사회적 자유의실현과 관련된 역사적 징표나 제도적 성과에 주목할 것을 요구한다. 예를 들어 사회복지권 제정, 서독의 공동결정권, 최저임금제, 몬드라곤 협동조합, 캐나다의 노동자연대기금, 생산 및 소비조합, 그리고 시장 사회화를 둘러싼 논쟁들과 노동의 인간화를 위한 노동조합의 노력 등은 바로 사회주의의 실현 가능성을 알려주는 징표이자, 사회주의를 구체적 정책으로 만들려는 실험이자 탐색 과정으로 자기매김할 수 있기 때문이다. 더구나 가장 최근에 있었던 충격적 사건이자 그 영향력을 폄하할 수 없는 사건은 미국 대선에서 혜성처럼등장한 버니 샌더스다. 그는 과연 누구이고, 무엇을 주장했는가? 그는 자신이 사회주의자임을 자처하고, 소득과 부의 불평등 해소, 월 가 개혁, 국공립 대학 무상교육, 생활임금 지급 등을 공약으로 제시 했었다. 그에게 사회주의란 무엇이기에 이런 공약을 제시했을까? 분명 그가 말하는 사회주의란 역사적 필연성 운운하며 프롤레타리아 혁명을 말하고, 생산수단의 사적 소유 철폐와 중앙집권적 계획경제를 말하는 것이 아니었다. 그는 벌링턴 시장 재직 시절부터 부유층만의 콘도미니엄을 개발하는 것에 반대해 부유층, 중산층, 서민층 각각에 3분의 1씩 주택분양을 했고, 대형마트 입점에 반대해 소비자 협동조합을 결성했고, 토지신탁기금을 설립해 시세보다 낮은 가격에 주택을 임대했다. 이렇게 볼 때 그는 단지 '우리'가 함께 살 수 있는 방법을 말하고자 했을 뿐이다. 물론 이런 모든 것이 실현되기 위해서는 사회 각 영역에서 발생하는 불의와 불평등, 억압과 지배, 무시와 차별에 귀를 기울이며 이를 함께 해결하려는 민주적 협력이 필요하다. 이것이 전제될 때에만 비로소 우리는 타인을 나와 같은 주체로 만나게 되기 때문이다.

호네트의 새로운 사회주의 구상은 어떤 현실 정치적 노선을 전제한 것이 아니다. 그리고 그만큼 그가 말하는 사회주의란 가장 추상적인 차원에서의 사회구성 원리이다. 그러나 호네트의 구상은 분명 현대 사회의 최고 원리인 이른바 자유에 대한 대안을 제시하고 있다는 점에서, 오늘날처럼 자본주의가 자유라는 미명하에 전 세계를 파국으로 몰고 가는 상황에 대해 적시성을 갖는다. 물론 호네트가 누누이 강조하듯이 사회주의는 자유로운 실험과 탐색을 통해 그 실현 형태를 구체화시켜야 한다. 아무쪼록 호네트의 구상이 오늘날의 상

황을 심각한 위기이자 역사적 변곡점으로 보려는 사람들에게 자기
점검의 계기가 되길 바란다.

2016년 9월

문성훈

불과 100년 전만 해도 사회주의는 근대 사회의 강력한 움직임이었
다. 그래서 당시의 위대한 사상가치고 사회주의에 대한 세세한 설명
이나, 혹은 비판적인, 또는 강한 동감을 표하는, 그러나 항상 존중을
담고 있는 글을 쓰는 것이 불필요하다고 본 사람은 없었다. 19세기
존 스튜어트 밀이 그 시작이었고, 가장 중요한 사람만 거명한다면
에밀 뒤르켐, 막스 베버, 조지프 슘페터가 그 뒤를 이었다. 이 모든
사상가들이 비록 개인적 신념이나 이론적 노선에서 차이를 보이지
만 사회주의를 자본주의와 지속적으로 동행하게 될 지적 도전으로
보았다는 점에서는 일치한다. 하지만 오늘날 상황이 근본적으로 바
뀌었다. 사회주의가 다시 한 번 사회 이론적 맥락에서 논의된다면,
이는 사회주의가 이미 시대에 뒤떨어진 것임을 확인시켜 줄 뿐이다.
사람들은 사회주의가 다시 대중을 열광시킬 수 있을 것이라고 믿지
도 않으며, 사회주의가 오늘날 자본주의에 대한 향도적 대안을 제시
하는 데 쓸모 있을 것이라고 생각하지도 않는다. 막스 베버가 눈을
비비며 어안이 벙벙해질 일이지만, 19세기의 두 가지 강력한 적대자
들의 역할이 하룻밤 사이에 뒤바뀌고 말았다. 종교가 미래의 윤리적
힘인 것처럼 보이고, 이에 반해 사회주의는 과거의 정신적 피조물로

인식되고 있다는 것이다. 하지만 이러한 역할 전도는 너무나 성급한 것이며, 따라서 전적으로 올바른 것이 아닐 수 있다. 이러한 신념이 내가 이 글을 쓰도록 해준 두 가지 동기 중 하나이다. 이하의 글에서 나는 사회주의에는 결단코 아직도 살아 있는 불꽃이 도사려 있음을 증명해 보일 것이다. 사회주의의 주도 이념이 초기 산업주의에 뿌리 박고 있는 사고틀로부터 단호하고 충분하게 탈피한다면, 그리고 새로운 사회 이론적 틀을 갖게 된다면 말이다.

이 책의 집필을 주도하는 두 번째 동기는 광범위한 연구를 담고 있는 나의 최근 저작 『자유의 권리』에 대한 비평과 관련이 있다.[1] 이 저작에 대한 수많은 논의가 이루어지는 동안 내가 종종 들었던 것은, 근대의 규범적 지평이라는 나의 방법론적 출발점이 이 책에 담긴 나의 의도를 분명하게 드러내 준다는 것이다. 이것이 의미하는 바는 바로 내가 더 이상 기존 사회질서의 변혁이라는 비판적 관점을 취하려 하지 않는다는 점이다.[2] 이러한 비판에 대해 나는 필요하고도 가능한 곳에서 글로 맞대응을 함으로써 이러한 비판이 내가 나자신에게 의식적으로 부과한 방법론적 한계 설정에 대한 오해에 기인함을 보여주려 하였다.[3] 그러나 당시에 내가 가졌던 느낌은 『자유의 권리』가 취했던 관점에서 다소의 방향 전환이 필요함을 보여주어

---

1 Axel Honneth, *Das Recht der Freiheit. Grundriß einer demokratischen Sittlichkeit*, Berlin 2011.

2 다음에 실린 글들을 참조할 것. *Special Issue on Axel Honneth's* Freedom's Right, *Critical Horizons*, 16/2 (2015).

3 Axel Honneth, "Rejoinder", 앞의 책, 204-226쪽.

야 한다는 것이다. 그래야만 이러한 관점이 제도적으로 완전히 다른 사회질서에 대해 개방적이 될 수 있기 때문이다. 따라서 비록 내가 가졌던 본래의 의도와는 완전히 다른 것이지만, 내가 단지 내적 관점만으로 재구성해 내려고 했던 진보 노선이 이제는 어떤 비전으로 나아가야 하는지를 분명히 밝힐 수 있는 작은 연구가 『자유의 권리』라는 큰 연구의 배후에 덧붙여져야 한다고 생각했다.

이 두 가지 동기 때문에 나는 2014년 하노버 대학의 라이프니츠 강연에 초청받았을 때 이를 사회주의의 근본이념을 현실화시키기 위한 첫 번째 기회로 삼았다. 나는 하노버 대학 철학과에서 만난 동료들과, 그리고 그 누구보다도 파울 호이닝겐-휘네에게 매우 감사한다. 이들은 분명 자신들에겐 낯선 주제를 다루는 것인 데도 나에게 연중 시리즈 강연을 맡겨 주었다. 세 번에 걸친 나의 연속 강연과 관련하여 이루어졌던 저녁 토론이 주었던 너무나 큰 도움 덕택에 나는 이에 대한 추가 작업과 확장 작업이 필요하다는 생각을 분명히 할 수 있었다. 그래서 나는 이러한 작업을 내 강연록의 두 번째 버전에 추가하였고, 이 때문에 수정된 사회주의를 조망해 보는 부분이 본질적으로 더욱 포괄적이 되었다. 끝으로 나는 같은 해에 뤼디거 슈미트-그레팔리의 친절한 초대 덕분에 그가 책임자로 있는 바이마르의 프리드리히 니체 콜렉이 주는 펠로우십을 받게 되었다. 이 때문에 7월에는 추가 작업이 이루어진 내 강연록을 다시 한 번 더 많은 청중에게 공개함으로써 비판적 평가를 받을 수 있는 기회를 얻었다. 또한 이와 병행하여 바이마르 근처에 있는 빌란트구트 오스만슈테트에서는 며칠간에 걸쳐 독일민족연구재단의 장학생들이 참여하는 세

미나가 개최되었으며, 나는 여기서 있었던 정말로 생산적인 토론 덕분에 다시 한 번 마지막 수정을 위한 힌트를 얻을 수 있었다. 이 세미나 참석자들뿐 아니라 콜렉의 대표와 연구자들이 나의 작업에 보여준 관심에 대해 대단히 감사하게 생각한다.

이들뿐 아니라 초고를 완성하는 데 조언과 개선안을 통해 도움을 준 모든 친구들과 동료들에게도 감사의 말을 전한다. 그리고 이 자리에서 제일로 거명하고 싶은 사람은 프레드 노이하우저이다. 그는 절친한 친구이자 뉴욕 컬럼비아 대학 철학과의 믿음직한 동료로서 이 책을 저술하는 동안 시작부터 나에게 용기를 주었고, 또한 일련의 값진 지적을 해주었다. 더구나 나는 에바 길머, 필리프 횔칭, 크리스티네 프리스-호네트, 티투스 슈탈이 내 강연록 첫 번째 버전을 보아 주면서 제시했던 비판적 논평으로부터 많은 것을 배웠다. 이들 모두에게 지금만이 아니라 수년 전부터 나에게 베풀어 준 도움과 관심에 대해 감사한다. 마지막으로 한나 바이어와 프라우케 퀼러가 이 책의 참고문헌 부가와 초고 탈고 때 보여준 엄밀한 작업에 대해서도 진심으로 감사한다.

악셀 호네트

2015년 7월

우리가 살고 있는 사회는 지독히도 당황스럽고, 지독히도 설명하기 어려운 분열을 특징으로 한다. 한편으로 사회경제적 상황에 대한 불만, 경제 관계와 노동 조건에 대한 불만이 지난 수십 년간 엄청나게 증대했다. 아마도 2차 대전 이래로 이렇게 많은 사람들이 전 지구적으로 확산된 자본주의적 시장경제의 사회적, 정치적 결과에 대해 동시에 분노한 적은 없었을 것이다. 그러나 다른 한편으로 이런 대중적 분노는 이들이 제기한 비판의 목적이 될 수 있는 규범적 방향이나 이에 대한 역사적 직감을 결여하고 있기 때문에 결국 자신의 말을 잃고, 내부로 침잠하는 것처럼 보인다. 다시 말해 오늘날 확산된 불만에는 기존의 상태를 넘어서서 생각하려 하고, 자본주의 이외의 사회적 상태를 상상해 보려는 능력이 결여되어 있다. 이렇게 분노가 미래의 방향 설정으로부터, 그리고 저항이 더 나은 세계에 대한 비전과 분리된 것은 근대 사회의 역사에 있어서 처음 있는 일이다. 프랑스 혁명 이래로 자본주의에 대한 거대한 저항의 흐름은 항상 미래 사회가 어떻게 되어야 하는지에 대한 그림, 즉 유토피아를 통해 활기를 얻었다. 그것은 기계파괴 운동, 로버트 오언의 협동조합, 혹은 소비에트 운동이나 계급 없는 사회라는 공산주의적 이상에 대한 생각이었다. 그러나 에른스트 블로흐가 말했듯이, 이런 유토피아적 사고의 유입이 오늘날에는 중단된 것 같다. 물론 사람들은 자신이 무엇을 원하지 않는지, 그리고 현존 사회의 무엇에 대해 분노하는지는 상당히 정확히 알고 있다. 그러나 현존 사회가 어떻게 변혁되어야 하는지에 대해서는 그 어떤 생각도 분명하지 않다.

　유토피아적 에너지가 갑자기 고갈된 것을 설명하기란 얼핏 보기보다 어려운 일이다. 지적 관찰자들은 1989년 공산주의 정부의 붕괴를 지적하면서 이로부터 자본주의를 넘어선 사회에 대한 모든 희망이 수포로 돌아갔음을 도출하려 한다. 그러나 이것이 결코 원인이 될 수는 없다. 왜냐하면 오늘날 대중들이 공적인 빈곤과 사적인 부 사이의 간극이 벌어지고 있는 것에 대해 분노하면서 비록 더 나은 사회에 대한 구체적 표상을 갖고 있지는 않지만, 그렇다고 해서 이들이 장벽의 붕괴를 통해 비로소 소비에트 식의 국가사회주의가 사회적 자선을 베푼 것이 단지 부자유의 대가였다고 믿게 되었던 것은 아니기 때문이다. 또한 러시아 혁명 전에는 자본주의에 대한 대안이 실제로 존재하지 않았다는 사실이 결코 19세기 인간에게 연대와 정의를 통한 강제 없는 공동생활을 상상하는 데 장애가 되었던 것도 아니다. 그렇다면 공산주의 권력의 파산은 갑자기 왜 유토피아를 통해 현존 질서를 넘어설 수 있는 심층적 능력을 위축시켜 버렸을까? 오늘날의 분노가 미래상을 결여하고 있음을 설명하기 위해 자주 거론되는 또 다른 원인은 우리들이 갖고 있는 집단적 시대의식의 급격한 변화라고 추측되기도 한다. 즉 처음에는 예술과 건축에서, 그 후에는 아마도 문화 전체에서 진행되었던 "포스트모던"으로의 진입과 함께 모던의 특징이었던 목적 지향적 진보에 대한 표상이 지속적으로 평가절하 되었고, 그 결과 오늘날에는 이를 대신하여 집단적으로 볼 때 항상 동일한 것의 역사적 회귀라는 의식이 지배적이 되었다는 것이다. 두 번째 설명에 따르면 이러한 새로운, 포스트모던적 역사관의 토대 위에서는 더 이상 더 나은 삶에 대한 비전이 성장할 수 없다. 왜냐하면 현재 사회가 자신 속에 내재된 잠재력을 통해 항상 스스로를 넘어서고 지속적인 완성을 위해 미래에 대해 개방적이라는 생각 자체가 사라져 버렸기 때문이다. 오히려 그 사이에 형성된 미래 시대에 대한 표상은 미래를 단지 이미 과거에 익숙해졌던 생활 방식이나 사회 모델을 단순히 실행하는 것 이상으로 보지 않는다는 것이다. 그러나 우리가 비록 다른 기능적 맥락이지만, 예를 들어 의학이나 인권 부문에서는 아직도 정말로 환영할 만한 진보에 대해 이야기하고 있다는 상황만 보더라도 이런 식의 설명이 과연 신빙성이 있는지 의심스럽다. 그렇다면 왜 사회의 변혁 가능성이라는 한 가지 분야에서만 초월적 상상력의 결핍이 나타나는 것일까? 이와 다른 분야에서는 여전히 이러한 상상력이 온존해 있는 것처럼 보이는데 말이다. 역사의식이 근본적으로 변화했다는 테제가 가정하는 것은 새로운 사회에 대한 예견이 오늘날 사라져 버렸다는 점이지만, 여기에서는 세계적 차원의 인권 실현에 대한 오늘날의 강력한, 아니 어떤 점에서는 과장된 희망이 존재하고 있다는 점은 고려되고 있지 않다.[4] 따라서 세 번째 설명은 아마도 국제적 제재를 통한 인권에 대

4 Samuel Moyn, *The Last Utopia. Human Rights in History*, Cambridge/Mass. 2010.

한 지나친 강조와 사회적 기초 제도의 변혁이라는 두 가지 영역 사이에 놓인 차이와 관련이 있을 수 있다. 왜냐하면 이로부터 단지 두 번째 영역과 관련해서만 그동안 유토피아적 힘들이 무력화되었다는 결론을 도출할 수 있기 때문이다. 내가 받은 인상에 따르면 이 세 번째 테제가 진실에 가장 근접한 것 같다. 그러나 이 역시 당연히 보완이 필요하다. 왜냐하면 오늘날 왜 사회정치적 소재에 더 이상 유토피아적 기대가 부과될 수 없는지가 추가적으로 설명되어야 하기 때문이다.

아마도 여기서는 다음과 같은 지적이 도움이 될지도 모른다. 즉 경제적-사회적 현상들은 공공의 의식이란 관점에서 볼 때 오늘날 너무나 복잡하고 따라서 투명하게 관찰하기 어렵기 때문에 어떤 목적의식적 개입에 적합하지 않을 수 있다는 것이다. 무엇보다도 경제적 세계화 과정은 결코 개관할 수 없는 협정들을 급속도로 만들어 냈기 때문에 일종의 2차적 질서에서의 병리가 형성된 것처럼 보인다. 즉 이제 사람들은 공동생활의 제도적 조건들을 단지 "사물적" 관계, 인간적 개입에서 벗어나 이미 존재하는 것으로 간주하게 되었다는 것이다.[5] 이런 점에서 오늘날 마르크스가 『자본론』 제1권에서 서술했던 저 유명한 페티시즘 분석이 역사적 정당성을 획득한 것 같다. 노동 운동이 꿈과 비전을 통해 기존 사회를 변혁 가능한 것으로 간주했던 과거의 자본주의 시절이 아니라,[6] 비로소 오늘날에 이르러서

---

5 Titus Stahl, *Immanente Kritik. Elemente einer Theorie sozialer Praktiken*, Frankfurt/M. 2013.

야 사회적 관계가 독특한 방식으로 "사물들의 사회적 관계"가 되었다는 일반적 신념이 폭넓게 확산된 것 같다.[7] 만약 우리의 일상적 경험이나 경험적 분석이 말해주듯이[8] 사정이 이러하다면, 현존 사회의 기본 구조 개선을 선취할 수 있는 능력이 더 이상 실현되지 못하고 있는 것은 바로 이러한 사회적 구조가 흡사 사물처럼 그 본질상 변혁 불가능한 것으로 간주되기 때문일 것이다. 즉 오늘날 부와 권력의 파렴치한 분배에 대한 대중들의 분노가 사정거리 안에 있는 어떤 목표 설정으로 이어지지 못하고 있는 것은 자본주의에 대한 대안이 부재하기 때문도 아니고, 그렇다고 우리의 역사관에 어떤 근본적인 변화가 있기 때문도 아니며, 이에 대해 책임이 있는 것은 사회적 관계에 대한 페티시즘적 관점의 확산이라는 것이다.

물론 이러한 세 번째 설명 역시 불완전하다. 왜냐하면 이 설명은 오늘날까지 전승된 유토피아들이 왜 사물화된 일상적 의식을 해체하거나 적어도 이를 파헤쳐 버릴 수 있는 힘을 더 이상 갖고 있지 못한가에 대해서는 아무런 언급도 하고 있지 않기 때문이다. 하지만 사회주의와 공산주의적 유토피아들은 더 나은 공동생활이라는 비전을 통해 족히 100년 이상 지속적으로 관련 당사자들의 마음을 강하게 움직임으로써 분명 당시에도 존재했던 사회적 상황에 대한 체념

---

6 Jacques Rancière, *Die Nacht der Proletarier. Archive des Arbeitertraums*, Wien 2013.

7 Karl Marx, *Das Kapital*, in: ders./Friedrich Engels, *Werke (MEW)*, Bd. 23, Berlin 1971, 87쪽.

8 이러한 경험적 연구로는 Pierre Bourdieu u. a., *Das Elend der Welt. Zeugnisse und Diagnosen alltäglichen Leidens an der Gesellschaft*, Konstanz 2002.

적 절대화 경향을 견뎌 낼 수 있었다. 사람들 각자가 자신이 처한 사회적 질서 중 어떤 것을 "불가피"하며, 따라서 필연적인 것으로 간주하는지는 상당할 정도로 문화적 요소에 달려 있다. 이 글의 맥락에서 볼 때 이는 무엇보다도 흡사 필연적인 것처럼 보이는 것을 집단적으로 변혁 가능한 것으로 묘사할 수 있는 정치적 해석 모형에 영향을 받는다. 배링턴 무어가 그의 역사적 연구인『부정의(不正義)』에서 설득력 있게 보여주고 있듯이, 독일 노동자들이 자신의 상황이 불가피하다고 느끼는 절망감은 항상 강력한 새로운 해석이 나타나서 기존의 제도들이 협상을 통해 만들어진 것임을 보여줄 수 있을 때 사라지기 시작했다.[9] 이런 시각에서 본다면 오늘날 모든 고전적인, 그리고 한때 영향력을 발휘했던 이상들이 현실의 베일을 벗기며, 사물화 현상을 분쇄할 수 있었던 자신의 영향력을 상실해 버린 원인이 무엇인가 하는 물음은 더욱 강하게 제기된다. 다시 말해 오래전부터 흡사 "불가피"하게 보이는 것이 더 나은 것을 위한 집단적 노력을 통해 변혁될 수 있음을 관련 당사자들에게 설득할 수 있는 힘을 왜 사회주의 비전이 더 이상 행사하지 못하는가 하는 질문이 더욱 구체적으로 제기될 수밖에 없다는 것이다. 이런 이유에서 나는 이 글에서 이루어진 짧은 연구의 네 개 장에서 전개하려고 하는 사고의 주제에 도달하게 되었다. 즉 내가 이하의 글에서 관심을 갖는 것은 두 가지 연속적인 문제로서 나에게 이는 앞으로 이념 정

---

9 Barrington Moore, *Ungerechtigkeit. Die sozialen Ursachen von Unterordnung und Widerstand*, Frankfurt/M. 1982, 14장.

치상 가장 큰 현실성을 갖게 될 것으로 보인다. 첫째, 나는 사회주의 이념이 이론의 여지없이 이전의 활력을 상실하게 된 내적 이유나 외적 이유를 탐구할 것이다. 그리고 둘째, 나는 이러한 탐구를 통해 밝혀진 이유를 토대로 사회주의 이념이 자신의 상실된 전파력을 다시 한 번 회복하기 위해서는 어떤 개념적 변화를 거쳐야 하는지를 질문할 것이다. 이러한 의도에 따라 나는 우선 사회주의의 시원적 이념을 가능한 분명하게 다시 한 번 재구성할 것이다(1장). 이에 이어 나는 두 번째 단계로 이러한 이념을 그동안 진부하게 만들었던 이유들을 탐구할 것이다(2장). 그리고 끝으로 나머지 두 개의 장에서는 이처럼 진부해진 사회주의 이념에 개념적 혁신을 가함으로써 다시 한 번 사회주의 이념을 일으켜 세우려고 한다(3장, 4장). 그리고 앞에서도 부각되었듯이 이하의 글에서 전개될 이 모든 생각들은 메타 정치적 특성을 갖는다. 왜냐하면 내가 현재의 어떠한 정치적 정세나 실천 가능성과 관련을 맺고자 하는 것은 아니기 때문이다. 다시 말해 이 글에서 중요한 것은 어떻게 하면 오늘날 사회주의가 현실 정치에 영향을 미칠 수 있을까 하는 점이 아니다. 이 글에서 관심을 갖는 유일한 것이자 단 하나의 것은, 사회주의의 근원적 관심사가 새롭게 정치적-윤리적 방향 설정의 원천이 될 수 있기 위해서는 어떻게 다시 한 번 재구성되어야 하는가이다.

1장 · 시원적 사회주의 이념

프랑스 대혁명을 사회적 자유로 고양시킴

사회주의 이념은 자본주의적 산업화가 낳은 정신적 자식이다. 프랑스 대혁명의 계승자들에게 대다수의 사람들을 위한 자유, 평등, 우애라는 요구가 공허한 약속이 됨으로써 그 사회적 실현이 요원해지자, 사회주의는 세상의 빛을 보게 되었다. 물론 단순히 "사회주의"라는 개념은 아주 일찍부터 철학적 논쟁의 어휘 속에서 발견된다. 18세기 후반 가톨릭 성직자들이 독일 자연법학파를 위험한 이교도 신앙이라고 폭로하기 시작할 때부터 그 사례가 나타나기 때문이다. 당시에 논쟁적으로 사용된 "socialistae"라는 말은 라틴어 "socialis"에서 파생된 신조어로서 이는 그로티우스와 푸펜도르프에서 짐작할 수 있듯이 사회적 법질서의 토대를 신의 계시가 아니라, 인간의 "사회성" 본능에서 찾으려는 경향을 의미했다.[10] 이런 비판적 사용은 직접적으로 18세기 후기의 법학 교과서로 이어졌으며, 여기서 "Sozialist"(사회주의자)라는 개념은 독일어권에서 무엇보다도 푸펜도르프와 그의 제자들을 일컫는 말이 되었다. 물론 그 사이에 사회주의라는 단어는 이교도 신앙이라는 비난의 의미에서 벗어나 단순히 중립적인 차원에서 사회성 본능을 통해 자연법에 세속적 토대를 마련하려는 의도를 가리키게 되었다.[11] 그러나 대략 30년 후인 1820-30년대에 "socialist"와 "socialism"이라는 영어 단어가 유럽에서 회자되

10 Wolfgang Schieder, "Sozialismus", in: *Geschichtliche Grundbegriffe. Historisches Lexikon zur politisch-sozialen Sprache in Deutschland*, hg. von Otto Brunner, Werner Conze, Reinhart Koselleck, Bd. 5, Stuttgart 1984, 924-927쪽.

11 앞의 책, 930-934쪽.

면서 이제 그 의미는 자연법 논쟁에서 볼 수 있는 그 시원적 용법과는 무관하게 되었다. 이러한 새로운 용법에서 이 두 개념은 영국의 로버트 오언 추종자들과 프랑스의 푸리에주의자들이 자신들을 규정하는 말로 사용되었으며, 이때 법의 정당화와 관련된 철학적 논쟁에 개입하려는 의도는 전혀 없었기 때문이다.[12] 이러한 새로운 용법에서 이제 두 단어는 오히려 "미래 지향적 사회운동 개념"(Wolfgang Schieder)이 되었으며, 집단적 결사를 이뤄 냄으로써 현존 사회를 "사회적"이라고 명명할 수 있는 상태에 근접하도록 만들려는 정치적 의도를 지칭하게 되었다.

분명 19세기 전반보다 오래전부터 목적 지향적 조치를 통해 사회가 "사회적"이 되도록 만들려는 노력들은 있었다. 스코틀랜드의 도덕철학자들의 시도들만 봐도 이를 알 수 있다. 왜냐하면 이들은 잘 조직된 공동체의 원리를 도출하기 위해 인간 상호 간의 공감이라는 감정에 대해 숙고했기 때문이다. 또한 사회주의와의 연관성이 분명한 고트프리트 빌헬름 라이프니츠 역시 젊은 시절에 이런 식의 사고방식을 애호했기 때문에, 그는 정치적 야망을 통해 무엇보다도 "사회성"으로 명명되었던 학자들의 연합을 만들려는 계획을 세웠다. 그리고 철학자 지배를 본보기로 삼았던 플라톤을 따른다면, 나중에 "아카데미"로 지칭되었던 조직들은 사회적 공익에 기여해야 한다.

---

12 앞의 책, 934-939쪽. 칼 그륀베르크는 이러한 "사회주의자"라는 표현의 새로운 용법을 1820년대 영국의 로버트 오언 추종자들에게로 소급시킨다. Carl Grünberg, "Der Ursprung der Worte 'Sozialismus' und 'Sozialist'", in: *Archiv für die Geschichte des Sozialismus und der Arbeiterbewegung*, 2 (1912), 372-379쪽.

왜냐하면 이런 조직들은 단지 교육 및 문화 정치적 기능만을 넘겨받은 것이 아니라, 경제생활의 사회적 편입에도 책임이 있기 때문이다.[13] 라이프니츠가 1671년 작성한 「사회성과 경제」라는 짧은 수고에 따르면, 빈곤층에 대한 재정적 지원과 최저임금 보장을 통해 경제적 경쟁을 둘러싼 싸움을 종식시키고, 이를 통해 공동체 구성원들 사이에 "참된 사랑과 신뢰"를 조성하는 일이 앞으로 대학이 담당해야 할 경제적 과제 영역에 속한다.[14] 그리고 이 글의 많은 곳에서 읽어 낼 수 있는 라이프니츠의 기획들을 보면, 이는 150년 후에 푸리에가 "팔랑스테르"라 명명한 협동조합의 설립을 주장하게 된 급진적 의도를 선취한 것처럼 보인다.[15]

물론 푸리에가 협동조합식 공동체에 대한 계획을 세울 때 취했던 규범적 전제들은 라이프니츠가 봉건적 분위기에서 가질 수 있었던 규범적 전제들과는 전적으로 다른 것이다. 시간적으로 이 둘 사이에 있는 프랑스 대혁명은 자유, 평등, 우애 원리를 통해 정의로운 사회질서를 도덕적으로 요구함으로써 이제 사회적 상황을 개선하려는 의도를 품은 사람이라면 모두 이러한 요구와 자신을 연결시킬 수 있었기 때문이다. 1830년대 프랑스와 영국에서 자신을 "사회주의자"로 명명하기 시작한 사상가와 활동가들은 혁명적 혁신에 대한 이러

---

13 Hans Heinz Holz, "Einleitung", in: Gottfried Wilhelm Leibniz, *Politische Schriften II*, hg. von Hans Heinz Holz, Frankfurt/M. 1967, 5-20쪽.

14 Gottfried Wilhelm Leibniz, "Sozietät und Wirtschaft" [1671], in: ders., *Politische Schriften II*, 129쪽.

15 Charles Fourier, *Theorie der vier Bewegungen und der allgemeinen Bestimmmungen*, hg. von Theordor W. Adorno, Frankfurt/M. 1960, 50-56쪽.

한 규범적 의존성을 충분히 인식하고 있었다. 이런 점에서 부르주아 시대 이전의 라이프니츠나 여타의 사회개혁가들은 분명 자신들의 구상이 정치 현실로부터 아무런 보호도 받지 않는다고 생각했겠지만, 프랑스와 영국의 사회주의자들은 이들과 달리 이미 제도화되어 있을 뿐 아니라, 보편적으로 신임을 얻고 있는 원칙들에 의거하여 이로부터 급진적 귀결들을 도출해 낼 수 있었다. 하지만 돌이켜보건대 이렇게 새롭게 등장한 "초기 사회주의적" 집단들이 프랑스 대혁명을 통해 확립된 세 가지 규범에 어떤 방식으로 연결을 시도했는지가 처음부터 전적으로 확실했던 것은 아니다. 한편으로 영국의 로버트 오언의 추종자와 다른 한편으로 프랑스의 생시몽주의자와 푸리에주의자 운동들 사이에는 1830년대부터 활발한 교류가 있었다. 그래서 1837년 오언이 파리에서 푸리에를 방문한 이후 이들은 자신들을 공통적으로 "사회주의자"로 소개하려고 하였다.[16] 그러나 이들은 자신들이 쟁취하려고 하는 사회 변혁의 내용에 대해서는 너무나 다른 입장을 갖고 있었기 때문에 이들 사이에서 어떤 공유된 목표를 식별해 내기는 어렵다.

이 세 집단 모두에게서 프랑스 대혁명 이후의 사회질서에 저항하기 위한 출발점이 되었던 것은 동시적으로 수행된 자본주의 시장의 확대가 대다수의 사람들로 하여금 그동안 약속되었던 자유와 평등 원칙을 요구하지 못하도록 방해하고 있다는 데에 대한 분노였다.[17]

---

16 Schieder, "Sozialismus", 936쪽.
17 사회주의의 등장과 역사에 대해서는 George Lichtheim, *Ursprünge des Sozialismus*,

다시 말해 노동자들과 그의 가족들이 농촌에서든 도시에서든 엄청난 노동성과를 내고 있음에도 불구하고 사적인 공장주나 토지소유자들의 자의적 횡포에 내맡겨짐으로써 이들의 삶이 이윤 계산 때문에 지속적인 위기와 항상적인 위협적 빈곤에 빠져버릴 수밖에 없다는 사실이 이들에게는 "모욕적", "굴욕적", 또한 간단히 말해서 "부도덕한" 것으로 느껴졌다는 것이다. 이러한 사회적 현실 인식에 대해 앞서 지적한 초기 사회주의 흐름들 모두가 우선적으로 보인 규범적 응답들과 관련하여 잠정적으로나마 어떤 공통분모를 찾으려 한다면, 첫 번째로 에밀 뒤르켐의 구상에 기대어 보는 것도 의미 있을 것 같다. 이 프랑스 사회학자는 "사회주의"에 대한 유명한 강의에서 이 개념의 내용을 규정하려 하였으며, 이에 다음과 같은 안을 제시했다. 즉 다양한 사회주의적 주의 주장들 사이에 어떤 일치점이 있다면 그것은 사회적 통제에서 이탈한 경제적 기능들이 다시 국가에 의해 대표되는 사회통제권 하에 놓이도록 하자는 의도라는 것이다. 다시 말해 뒤르켐의 신념에 따르면 비록 사회주의의 다양한 세부 흐름들이 개별적 차원에서 서로 구별되지만, 이들 모두는 근본적으로 노동 대중의 빈곤이 경제적 기능들을 새롭게 조직함으로써만 해결될 수 있다는 생각을 공유하고 있었으며, 이는 경제적 영역에서 행

Gütersloh 1969; ders., *Kurze Geschichte des Sozialismus*, Frankfurt/M., Wien, Zürich 1977; G. D. H. Cole, *Socialist Thought*, Bd. I: *The Forerunners 1789-1850*, London 1955; Jacques Droz (Hg.), *Geschichte des Sozialismus*, Bd. II: *Der utopische Sozialismus bis 1848*, Frankfurt/M., Berlin, Wien 1974. 사회주의에 대한 흥미로운 지식사회학적 분석으로는 Robert Wuthnow, *Communities of Discourse. Ideology and Social Structure in the Reformation, the Enlightenment, and the European Socialism*, Cambridge/Mass. 1989, III부.

해지는 활동들을 사회적으로 행사된 공론 형성과 결합시킨다는 의미였다.[18] 물론 이러한 정의가 사회주의의 규범적 의도를 실제로 적합하게 이해하는 데 아직 충분한 것은 아닐지라도, 사회주의라는 이름 하에서 전개된 모든 사회운동이나 학파들이 갖고 있었던 공통된 토대가 무엇인지를 알게 해준다. 그것이 로버트 오언과 그의 추종자, 혹은 생시몽과 그의 학파, 아니면 푸리에주의자이든 이 집단들 모두는 노동 대중이 겪는 부정의의 원인이 우선적으로 다음과 같은 사실에 있다고 보았다. 즉 자본주의적 경제가 사회적 통제권에서 이탈함으로써 단지 수요와 공급이라는 자신의 고유한 원칙만을 따르게 되었다는 데 부정의의 원인이 있다는 것이다.

이에 비해 초기 사회주의 흐름에서 그 차이를 넘어서 이들이 공통적으로 사용했던 어휘들을 좀 더 자세히 살펴보면, 뒤르켐이 사회주의에 대한 자신의 개념 정의를 통해 사회주의가 프랑스 대혁명의 이상과 규범적으로 연결됨을 설명하려는 것이 전혀 아니었다는 점이 금방 눈에 띌 것이다.[19] 뒤르켐이 앞서 말한 사회주의 집단들을 다룰 때 보편적으로 취하고 있던 태도는, 이들에게 중요한 것이 시장을 다시 사회적으로 통합시키기 위한 사회공학적 문제였을 뿐, 이미 보편적으로 선언되었던 역사적으로 매우 적합해 보였던 목표인, 대

---

18 Emile Durkheim, *Le socialisme* [1928], Paris 2011, 49쪽: "모든 경제적 기능, 혹은 분산된 경제적 기능들이 사회 주도적 의식들의 핵심과 결합되길 요구하는 이념들 모두를 (우리는) 사회주의라고 부른다." 존 듀이 역시 "중국 강연"에서 이와 유사한 정의를 제시하려고 했다. John Dewey, *Lectures in China, 1919-1920*, Honolulu 1973, 117쪽 이하.

19 사회주의가 프랑스 대혁명의 이상과 규범적으로 연결됨을 보여주는 문헌으로는 Wuthnow, *Communities of Discourse*, 370쪽 이하.

중을 위한 자유, 평등, 우애 원칙의 실현은 아니었다는 점이다. 이와 마찬가지로 사회주의의 핵심적 포부를 확인하기 위한 그의 진지한 노력들이 의심할 바 없이 영향력 있는 시도들이었지만, 여기에서도 새로운 사회운동의 도덕적 추진력을 도외시하고 있다는 문제가 있다. 이런 점에서는 존 스튜어트 밀과 조지프 슘페터의 사례 또한 지적될 만하다. 이 두 사람은 각기 자신의 저술 속에서 사회주의 기획을 정의로운 자원 분배를 위한 구상으로 축소시킴으로써 그 배후에 숨겨져 있는 도덕적, 혹은 윤리적 의도를 더 상세하게 언급하지 않는 특이한 경향을 보이고 있다.[20] 그러나 초기에 "사회주의적"이라고 지칭된 사상가들이 자신들 배후에 있던 프랑스 대혁명의 요구 목록들에서 취할 수 있다고 믿었던 본래의 규범적 원칙들을 어느 정도나 실제로 따르고 있었는지는 이들이 자신들의 구상을 어떻게 정당화시키는지 자세히 살펴보면 금방 알 수 있다. 로버트 오언, 그는 이론가라기보다는 실천가이며, 분명 프랑스 대혁명의 영향을 가장 적게 받은 사람일 것이다. 이런 그가 뉴 래너크에서의 노동협동조합 설립을 정당화하기 위해 도입한 근거는, 상호협력 경험을 통해 하층민에게 상호적 호의와 따라서 스스로 타인과 결합하는 연대가 교육될 수 있을 것이라는 점이다.[21] 또한 생시몽과 그의 추종자들이 분

---

20 John Stuart Mill, "Chapters on Socialism" [1879], in: ders., *Principles of Political Economy*, Oxford 1998, 369-436쪽; Joseph Schumpeter, "Sozialistische Möglichkeiten von heute" [1920/21], in: ders., *Aufsätze zur ökonomischen Theorie*, Tübingen 1952, 465-510쪽.

21 Robert Owen, "Eine neue Gesellschaftsauffassung" [1813], in: Michael Vester (Hg.), *Die Frühsozialisten 1789-1848*, Bd. I, *Reinbeck bei Hamburg 1907*, 35-55쪽; 오언에 대해서는 Cole, *Socialist Thought*, Bd. I, IX, XI장; Droz (Hg.), *Geschichte des Sozialismus*, Bd. II, 29-48쪽.

명 사회철학적 토대에서 더 강력한 요구를 제기했을지라도 이와 유사성이 없는 것은 아니다. 즉 이들의 신념에 따르면, 자본주의적 조건 하에서 노동자들이 실제로 겪는 부자유는 중앙집권적 계획을 통해 모든 사람들이 자신의 능력에 따라 보상받고, 이에 상응하여 상호적으로 서로를 지원하는 "보편적 연대"가 형성될 수 있는 사회질서를 통해 비로소 극복될 수 있다.[22] 그리고 끝으로 푸리에와 그 제자들 역시 협동조합식 공동체를 건립하려는 자신들의 계획을 정당화하기 위해 제시한 근거는, 이미 당시부터 "팔랑스테르"로 지칭된 자유로운 생산자 연합을 통해서만 모든 사회구성원의 강제 없는 협력이라는 규범적 요구가 적절하게 고려될 수 있다는 점이다.[23] 이렇게 볼 때 사회주의적 목표 설정을 정당화하는 곳 어디에서도 생산수단의 공유화가 순수하게 목적 자체로 설정되지는 않았다. 오히려 이 공유화가 도처에서 어떤 필요한 조치로 간주된다면, 그것은 전적으로 다른, 즉 결국에서는 도덕적 요구를 실현할 수 있는 필수적 전제로 사용된다. 여기서 가장 우선시된 것은 프랑스 대혁명의 원칙 목록 중 첫 번째와 마지막, 즉 "자유"와 "우애"이며, 이에 비해 "평등"은 대개 부수적인 역할만 할 뿐이다. 더군다나 이들의 자료를 읽을 때면 종종 드는 인상은, 세 가지 사회주의 집단들이 단지 파편적으로만 제도화되었을 뿐인 당시의 권리 평등 수준에 이미 만족하면

---

22 Gottfried Salomon-Delatour (Hg.), *Die Lehre Saint-Simons*, Neuwied 1962: Droz (Hg.), *Geschichte des Sozialismus*, Bd. II, 113-130쪽.

23 Fourier, *Theorie der vier Bewegungen*, 50-56쪽: Droz (Hg.), *Geschichte des Sozialismus*, Bd. II, 131-143쪽.

서 이러한 권리의 토대 위에서 능력과 기여에서 서로 보완적인 생산자 연대 공동체를 수립하려고 했다는 점이다. 물론 이런 규범적 입장의 배경을 이룬 신념들은 다양한 저자들의 저작 속에서 단지 주변적으로만 거론되고 있을 뿐이지만, 이들 사이의 일치점을 보여주는 중요한 원천을 제시하고 있다. 즉 이들은 공통적으로 당시 형성되었던, 특히 권리로 파악된 개인적 자유 개념이 이와 동시에 목표로 설정되었던 우애 원칙과 조화를 이루기에는 너무 협소하다고 본다. 다소의 해석학적 호의를 갖고 말한다면, 이 세 가지 초기 사회주의 집단들은 프랑스 대혁명이 제시한 원칙 목록 사이에 내적 모순이 존재함을 발견했으며, 그 원인이 바로 여기서 주장된 자유가 단순히 권리, 혹은 개인주의적으로 이해된 데 있다고 본 것이다. 따라서 이들 모두는 제대로 알지도 못한 채 자유주의적 자유 개념이 "우애"라는 또 다른 목표와 어떤 식으로든 일치될 수 있도록 이를 확장하기 위해 애를 썼다.

"자유"와 "우애" 원칙 중 첫 번째 개념의 의미를 변형시키면서 이 둘을 화해시키려는 의도가 무엇인지는 1세대 사회주의 집단에 뒤를 이은 저자들에게 관심을 돌려보면 더욱 분명해진다. 매우 상이한 길을 간 사람들을 제외한다면,[24] 루이 블랑과 피에르-조제프 프루동은 확장일로에 있던 시장경제에 대한 자신들의 비판을 근거지우기 위해 제도적 토대 속에 자유 이해를 투영시켜 보았다. 이에 따르면 이 제도적 토대들은 단지 사적 이해, 즉 블랑의 말처럼 "사적 이

---

24 Cole, *Socialist Thought*, Bd. I, XIX장.

기주의"를 통해 확립된 것이다.[25] 자유에 대한 이해가 이처럼 개인적 자유에 대한 협소한 해석에 머문다면, 이 두 사람이 믿고 있듯이, 악화된 경제적 상황에서 아무것도 바꿀 수 없을 뿐 아니라, 공식적으로 존립하고 있는 "우애적", 혹은 연대적 공동생활이란 요구 역시 이 때문에 실현될 수 없다. 이런 점에서 블랑과 프루동은 프랑스 대혁명과 함께 동시에 제기된 요구들 속의 모순을 극복하는 것이 자신들이 주장하는 사회주의의 과제라고 보았다. 우애, 연대적 상호지원 보증이라는 규범적 목표가 그 단초조차 실현되지 못한 것은 또 다른 목표인 자유가 자본주의 시장의 경쟁관계 속에서 볼 수 있듯이 배타적으로 개인적 이기주의 범주로 파악되었기 때문이다. 따라서 시장을 다른 형태의 생산과 분배로 보완하거나 이를 대체하기 위해 블랑과 프루동이 개진한 정치경제적 계획은,[26] 최우선적으로 경제적 행위 영역에서 더 이상 "우애" 요구에 방해가 되지 않는 "자유" 양식이 실현되도록 하기 위한 것이다. 이에 따르면 프랑스 대혁명의 규범적 요구가 모순 없이 실현될 수 있는 곳은 오직, 그리고 바로 그곳, 즉 개인의 자유가 새로운 사회의 경제적 권력 중심에서 사적 이익추구가 아니라, 연대적 자기보완(ein solidarisches Sich-Ergänzen)으로 자리 잡을 수 있는 곳이다.

이제 여기서 다시 한 번 뒤르켐이 사회주의의 근본이념으로부터

---

25 Louis Blanc, "Organisation der Arbeit" (발췌), in: Lisa Herzog/Axel Honneth (Hg.), *Der Wert des Marktes. Ein ökonomisch-philosophischer Diskurs vom 18*. Jahrhundert bis zur Gegenwart, Berlin 2014, 174-190쪽, 이 부분은 176쪽.

26 세부적인 사항에 대해서는 Cole, *Socialist Thought*, Bd. I, XV, XIX장.

제시한 정의를 되돌아본다면, 첫 번째 중간성과를 확정지을 수 있을 것이다. 즉 이 프랑스 사회학자가 올바로 주장했듯이, 모든 사회주의적 기획에 토대를 이룬 것은 경제적 활동을 다시 사회적 공론 형성의 관할 영역으로 되찾아 오려는 의도였다. 그러나 여기서 그가 간과한 점은 이러한 의도 자체에 비로소 동기를 부여했던 규범적 근거들이다. 초기 사회주의의 대표자들에게 중요했던 것이 경제적 영역을 사회적 명령에 종속시키고, 이를 통해 단지 반쪽뿐인, 즉 경제 영역의 문 앞에서 정지하고 만 사회의 도덕화가 낳은 재앙을 피하는 것만은 아니다. 마찬가지로 이들 저자들은 새로운 경제 질서를 통해 단지 생필품을 공정하게 분배하는 것에 그렇게 마음을 쓰지도 않았다. 오히려 이들에게 더 강력한 생산의 사회화가 기여해야 할 것은, 혁명을 통해 주창된 자유로부터 단순한 사적 이익추구라는 특징을 떼어버리고, 이를 강제 없는 협력이라는 새로운 형태 속에서 우애라는 또 다른 혁명의 요구와 일치시키려는 도덕적 목표였다.[27] 이렇게 본다면 사회주의는 시초부터 근대 자본주의 사회에 대한 내재적 비판 운동이었으며, 이 사회의 규범적 정당화 토대였던 자유, 평등, 우애를 수용했다. 그러나 자유가 개인주의적인 것이 아니고, 따라서 강력하게 상호주관적 방향 속에서 이해되지 않는 한, 이들이 모순

---

27 내가 여기서 시도하고 있는 "사회주의"에 대한 두 가지 관점의 구별은 데이비드 밀러의 구분과 유사하다. 그는 자본주의에 대한 사회주의적 비판의 두 가지 단초를 그것이 분배 정의 원칙이냐, 아니면 "삶의 질"에 대한 논증에 근거하고 있느냐에 따라 구별한다. David Miller, "In What Sense Must Socialism be Communitarian?", in: *Social Philosophy and Policy*, 6/2 (1989), 51-73쪽.

없이 실현될 수 있을 것이라고 믿지는 않았다.

물론 모든 사회주의 운동의 전환점이자 연결점인 이러한 새로운 자유 개념을 어떻게 이해해야 할지에 대해 지금까지 거론된 저자들의 저작은 별로 도움이 되지 못한다. 분명 초기 사회주의 집단들이 "연합", "협력", 또는 "공동체"라는 범주를 사용하면서 이와 관련된 각각의 매우 다양한 경제 모델들을 통해 명확히 하려고 했던 것은, 새로운 생산 및 분배 형태 속에서는 한 개인의 자기실현이 타인의 자기실현이란 전제와 밀접하게 연결된다는 점이다. 그러나 이들에게는 이런 식의 특징을 갖는 상호주관적 제한의 형태들을 자유주의적 전통에 따른 순수한 개인주의적 자유 이해의 대안으로 제시하려는 개념적 시도가 전혀 없었다. 물론 프루동은 1849년 출간된 『한 혁명가의 고백』에서 "사회적 관점에서 볼 때 자유와 연대는 동일한 표현"이라고 말함으로써,[28] 한 걸음 더 나아간 것처럼 보인다. 프랑스 대혁명의 어휘를 명확히 암시하는 이러한 생각은 주석을 통해 다음과 같이 상술되고 있다. 즉 1793년의 시민권 선언과는 달리 이 사회주의자는 "개개인의 자유"를 모든 다른 사람의 자유를 위한 "한계"가 아니라, "도움"으로 이해하고 있다.[29] 하지만 프루동에게 이런 향도적 개념 제안은 다시 희미해지고 만다. 왜냐하면 프루동은 이러한 논의에 이어 바로 다음 단계에서 이런 식의 상호주관적 자유의 가

---

28 Pierre-Joseph Proudhon, *Bekenntnisse eines Revolutionärs* [1849], Reinbeck bei Hamburg 1969, 150쪽.

29 앞의 책, 같은 곳.

능 조건으로 소규모 노동자 조합에게 무이자로 대출해 주는 인민은
행의 설립을 권하고 있기 때문이다. 이렇게 볼 때 프루동의 신조는
갑작스럽게 변하여 단지 타인을 개인적 자유의 완성을 위한 조건이
아니라, 이에 대한 일종의 지원 또는 협력으로 보는 것 같다.[30] 또한
프루동은 개인주의적 자유 개념에 대한 두 가지 상이한 대립적 구
상 속에서 동요하고 있다. 이 두 가지 구상은 자유 행위를 이미 타인
의 협력 행위 이전에 완성된 것으로 간주하느냐, 아니면 타인의 협
력 행위를 통해 비로소 필수적인 보완에 이를 뿐 아니라 이를 통해
완성되는 것으로 보느냐에 따라 편차를 보인다. 그런데 이 두 가지
개념 중 어떤 것이 우선시되느냐에 따라 자유와 우애를 보장함으로
써 사회를 비로소 "사회적"이 되게 하는 "연합" 혹은 "공동체"의 구
조 또한 다르게 표상될 수 있다. 첫 번째 경우에서 공동체는 이에 앞
서서 이미 자유로운 구성원들로부터 구성되며, 이 구성원들은 협력
적 상호작용을 통해 추가적으로 지원받는 것이지, 이를 통해 자신들
의 자유를 비로소 얻게 되는 것은 아니다. 이에 반해 두 번째 경우에
서 공동체 내에서의 협력은 구성원들이 아직 완결되지 않은 자신들
의 행위 계획을 상호적으로 보완함으로써 비로소 완전한 자유에 이
르게 하는 사회적 조건으로 간주된다.

초기 사회주의자들의 저작이나 프루동에게서도 이런 식의 차이
는, 이제부터 이야기하게 되겠지만, "사회적 자유"에 대한 이해에서

---

30 이에 대해서는 특히 프루동의 "상호성" 원칙에 대한 논의를 참조한다. 앞의 책, 156쪽
이하.

도 적절하게 고려되고 있지 못하다. 물론 이들은 아직 완성되지 않은 시민 혁명의 기획이 모순 없이 실현되기 위해서는 무엇보다도 자본주의 시장경제에 깔려 있는 개인주의적 자유가 극복되어야 하며, 이를 통해 자유가 이와 동시에 제기된 우애 요구와 일치될 수 있도록 해야 한다는 점을 분명하게 의식하고 있었다. 그러나 이들에게는 개인적 자유의 요구를 직접적으로 연대적 공동생활이라는 전제와 결합시킨다는 것이 무엇을 의미하는지 이를 구체화시킬 수 있는 개념적 수단이 결여되어 있었다. 이런 문제에서 비로소 진척을 보인 것은 프루동과 같은 시기에 사회주의라는 새로운 사회운동의 이론적 토대를 명료화하려고 했던 청년 칼 마르크스이다.[31] 파리로 망명한 이 이론가는 프랑스 전우들의 정당화 시도를 가장 신뢰하고 있었지만, 이들과 공유했던 사회주의 기획의 목표를 미완의 것으로 이해된 프랑스 대혁명의 규범적 지평 하에서 상론하는 것은 독일 출신이라는 이유 때문인지 아무런 직접적 자극도 되지 못했다. 그래서 마르크스는 "우애", "자유", 또는 "연대"와 같은 개념들은 거의 다 포기했고, 그 대신 헤겔의 유산을 생산적으로 발전시키려는 독일 동료들의 시도에서 실마리를 찾을 수 있었다. 특히 포이어바흐를 통해 자연주의적으로 해석된 관념론의 개념 틀과의 연결은 마르크스에게 개념적 정교함을 가져다주는 장점이 되었지만, 이는 정치적-도덕적

---

31 나는 이하의 글에서 마르크스의 저작을 항상 사회주의 운동의 자기이해라는 범위에서만 다룰 것이다. 따라서 여기서는 그의 이론 전체와의 근본적 논쟁은 고려되고 있지 않다. 아마도 이를 위해서는 다양한 문제 각각에 대해서 많은 것을 다른 식으로 이야기해야 할 것이다.

방향에서 더 큰 불투명성을 가져다주는 단점이 되었다. 그럼에도 불구하고 마르크스 초기 저작에서는 국민경제학에서 사용되는, 그리고 자본주의 시장을 통해 변형된 개인주의적 자유 개념이 모든 사회 구성원을 위한 "진정한" 공동체 요구와 화해할 수 없음을 입증하려는 의도를 엿볼 수 있다. 이런 점에서 청년 망명자가 1840년대에 남긴 수고들 역시 자유주의적 사회질서의 모순된 목표들로부터 사회주의 이념을 발견시키는 데 있어서 한 걸음 더 진척을 보인 것으로 이해될 수 있다.

마르크스는 지금까지 많은 주목을 받았던 1840년대의 가장 중요한 저작 중 한 곳에서 제임스 밀의 정치경제학 저서를 논평하는 방식으로 그가 당시 사회질서에서 무엇이 잘못되었다고 보고 있으며, 이를 대신할 수 있는 결함 없는 공동체를 어떻게 표상하고 있는지를 설명한다.[32] 여기에서는 저 유명한 「파리 수고」보다 더욱더 분명하게 마르크스의 헤겔 의존성이 드러나고 있으며, 이는 그가 두 가지 대조적 사회 모델을 두 가지 서로 다른 상호인정 방식을 통해 특징짓는 데 반영되어 있다. 마르크스에 따르면 자본주의 사회에서 구성원들은 극도로 간접적인 방식으로만 서로 관계를 맺는다. 왜냐하

---

32 Karl Marx, "Auszüge aus James Mills Buch 'Élements d'économie politique'", in: Karl Marx/Friedrich Engels, *Werke (MEW)*, Ergänzungsband I, Berlin 1968, 443-463쪽; 이에 대해서는 특히 다음을 참고했다. Daniel Brudney, "Der junge Marx und der mittlere Rawls", in: Rahel Jaeggi/Daniel Loick (Hg.), *Nach Marx. Philosophie, Kritik, Praxis*, Berlin 2013, 122-163쪽; 전체 주제에 대해서는 다음을 참조했다. David Archard, "The Marxist Ethic of Self-Realization: Individuality and Community", in: *Royal Institute of Philosophy Lecture Series*, Bd. 22, 1987, 19-34쪽.

면 사회구성원들은 익명화된 시장에서 각자 자신의 생산물을 돈을 통해 교환하기 때문이다. 다른 시장 참여자는 이런 식의 관계에서만 개별적 주체의 관심 영역에 나타난다는 점에서, 이들은 이러한 교환을 배타적으로 사업수완과 이익추구라는 추상적 속성을 통해 수행하지, 자신들의 구체적 욕구와 개성을 통해 수행하지는 않는다. 이런 사회에서 모든 구성원은, 마르크스가 애덤 스미스를 비꼬며 말하고 있듯이, 타인에 대해 단지 "상인"일 뿐이다.[33] 따라서 여기서 사회구성원들이 통합된 공동체 형성을 위해 서로에게 부과하는 인정이란 타인을 "속여 넘길 수 있는" 권리를 서로 인정하는 형태를 띤다. 즉 사람들이 "사회적 관계" 속에서 서로를 보완하는 것은 각기 개인적으로 수행된 행위를 통해서가 아니며, 마르크스의 글에서 가혹하게 말하고 있듯이, 사람들은 이를 단지 "약탈 의도" 속에서 수행한다는 것이다.[34]

마르크스가 이러한 연구 첫 부분에서 시도했던 것은 다름 아니라 자신의 사회주의 선행자들이 "우애적", 혹은 "연대적" 사회관계가 시장경제 하에서 불가능함을 분석하는 데 사용했던 논증을 헤겔적 범주를 통해 재생시키는 것이었다. 시장 참여자들은 단지 자신의 사적 이익에만 관심을 갖는 주체로서 만나기 때문에, 이들은 서로에게 관심을 기울일 수 없으며 우애, 혹은 연대적 사회관계를 말하기 위해 필요한 상호 지원도 제공할 수 없다. 마르크스는 이렇게 연대적

33 Marx, "Auszüge aus James Mills Buch", 451쪽.
34 앞의 책, 460쪽.

관계가 방해받고 있음을 더욱 격렬하게 부각시키기 위해 그의 글에서 『정신현상학』의 사고를 이용하면서 다음과 같이 말하고 있다. 즉 "우리들 사이의 상호인정"은 본래 "투쟁"의 형태를 띠며, 이 투쟁에서 이기는 자는 "더 많은 에너지, 힘, 통찰, 또는 노련함"을 갖춘 사람이다.[35]

마르크스는 이러한 재치 있는 설명 끝에서 몇몇 문장을 통해 생산관계에 대한 묘사로 이행한다. 이에 따르면 생산관계란 사회구성원들이 사적 이기주의가 아니라, 개인적 욕구에 대한 상호인정을 통해 연합할 때 유지된다. 이러한 인간학적 구상의 배후를 이룬 것은 포이어바흐, 그리고 아마도 루소로부터 물려받은 생각이다. 즉 인간의 욕구가 충족되기 위해서는 거의 항상 다른 주체의 보충적인 도움 행위가 필요하다는 것이다. 즉 내가 배고픔 때문에 노동 분업에서 잠시 떨어져 있을 수 있는 것은 타인이 나를 위해 필요한 생필품을 생산하기 때문이며, 안락한 주거에 대한 나의 희망은 일군의 수공기술자들이 이에 상응하는 주거시설을 생산할 때만 충족될 수 있다. 그러나 이런 상호의존성은, 마르크스가 믿고 있듯이, 앞서 서술한 자본주의 생산관계를 통해 체계적으로 참여자들의 시각에서 벗어난다. 물론 여기서 주체들은 만들어진 생산물을 통해 경제적 수요를 충족하고, 이를 통해 그 배후에 숨겨진 욕구 역시 충족한다. 그러나 이럴 경우 주체들의 동기는 다른 참여자들의 요청에 대한 고려가 아니라, 오직 자신의 효용을 증가시키려는 이기적 관심일 뿐이다. 그

---

35 앞의 책, 같은 곳.

러나 마르크스에 따르면, 생산된 재화가 화폐를 통해 매개되는 시장 거래의 개입 없이 교환된다면 주체들은 전적으로 다르게 행동할 것이다. 왜냐하면 개개의 주체들이 노동하면서 각기 타인들의 욕구를 직접적으로 염두에 둔다면, 상호의존성이라는 인간적 속성이 자신의 행동에서만이 아니라, 선취된 타인의 반응에서도 확인될 수 있기 때문이다.[36] 물론 마르크스가 여기서는 단지 사회구성원 사이의 "이중적 긍정"에 대해서만 이야기하고 있지만, 그가 염두에 두고 있는 것이 개인적 욕구에 대한 상호인정을 가능하게 하는 생산관계라는 것은 매우 분명하다. "자유로운 생산자들 간의 연합"에서는, 이후의 저작에서 말하고 있듯이, 구성원들이 더 이상 사적 목표의 익명적 매개를 통해 관계를 형성하는 것이 아니라, 다른 모든 사람들의 자기실현에 대한 염려를 서로 공유한다.[37]

이렇게 마르크스의 사고 과정을 첨예화시킬 필요가 있는 것은 이제 이를 통해 그의 구체적인, 하지만 애매하기도 한 경제 모델로부터 사회적 자유 개념의 방향을 가리키는 일반적 요소들이 드러나게 할 수 있기 때문이다. 마르크스는 자신의 사회주의적 선행자들처럼 자유를 우선적으로 단지 가능한 한 방해받지 않고, 외적 강제를 통해 제한되지 않은 자율적 목적과 의도의 실현으로 이해했다. 또한 마르크스는 자신의 당원 동지들과 마찬가지로 이런 식의 자유의 행사가 자본주의적 생산 조건 하에서는 타인들을 단지 자신의 이익추

---

36 앞의 책, 462쪽.
37 이 구절에 대한 해석은 Brudney, "Der junge Marx und der mittere Rawls", 127-133쪽.

구를 위한 수단으로 본다는 점에서 이미 제도화된 우애 원칙과 충돌한다고 본다. 마르크스는 이런 내적 모순을 해결하기 위해 개략적이나마 자유와 연대를 서로 결합시키는 사회 모델을 구상한다. 그리고 이러한 결합은 그에게 가능한 것처럼 보였다. 모든 개인이 자신의 목적을 동시에 타인의 목적 실현을 위한 조건으로 이해하는 사회 질서가 형성된다면, 따라서 개인적 의도들이 서로 투명하게 매개됨으로써 모든 개인들이 오직 상호의존성에 대한 의식 하에 상호적 수행 활동을 통해 이를 실현할 수 있다면 말이다. 물론 마르크스의 글에서 핵심적 위치에 있는 "사랑"에 대한 지적은,[38] 각 개인이 자신의 의도를 실행할 때가 아니라, 이를 정립할 때 비로소 타인과 적극적인 관계를 맺어야 한다는 점을 분명하게 인식시켜 주기도 한다. 그리고 사랑에서처럼 앞서 서술한 사회구성원 간의 연합에서도 개인의 활동은 본래부터 자신의 고유한 자아실현과 동시에 자신의 상호작용 파트너들에게도 기여할 수 있는 그런 목표로 제한되어야 한다. 왜냐하면 그렇지 않을 경우 이들의 자유는 결코 서로에게 염려의 대상이 되지 못하기 때문이다.

마르크스 모델이 보여주는 이러한 중요한 포인트는 대니얼 브루드니가 롤스와 마르크스를 비교하면서 도입한 한 가지 구별과 연결될 때 더욱더 명백하게 규정될 수 있다. 브루드니의 입장에 따르면, 사회적 공동체는 그 구성원들이 중첩되는 목표를 통해 서로 관계를 맺느냐, 아니면 상호 매개된 목표를 통해 서로 관계를 맺느냐에 따

---

38 Marx, "Auszüge aus James Mills Buch", 462쪽.

라 구별된다.[39] 첫 번째 경우 주체들은 공유된 목표를 추구한다. 그러나 이들이 연합하여 이 목표를 달성한다 하더라도 이 목표가 동시에 각기 자신의 개인적 목적 설정의 내용이 되어야 하는 것은 아니다. 이러한 집단적 목표 실현에 대한 좋은 예는 고전적 형태의 시장이다. 여기서 모든 참여자는 자신의 고유한 경제적 이익을 추구할 수 있어야 하며, 이를 통해 최종적으로는 "보이지 않은 손"의 메커니즘을 통해 복지 증진이라는 상위의 목적에 기여한다. 이와 달리 상호 매개적 목표는 사회구성원 각자가 이를 자신의 고유한 행동의 원칙, 혹은 목적으로 삼음으로써 공동으로 그 실현에 기여할 것을 요구한다. 이 경우 주체들은, 브루드니 역시 말하고 있듯이, 단순히 함께 행동하는 것이 아니라, "서로를 위해" 활동한다. 왜냐하면 주체들은 자신의 고유한 활동을 통해 직접적이고 자발적으로 모든 사람들이 공유하고 있는 목표 달성에 기여하려 하기 때문이다. 첫 번째 중첩적 목표인 경우 개인의 행동이 뭔가 그 실현에 기여한다는 사실은 개인적 의도의 내용상 우연적 결과이다. 이에 반해 두 번째 상호 매개적 목표인 경우 이와 동일한 사실은 각 개인의 자발적 의도에 따른 필연적 귀결이다.

내 생각에는 마르크스가 매우 분명하게 자본주의 사회질서에 대한 자신의 대안에 토대로 삼은 것이 바로 이 마지막 사회적 공동체 모델인 것 같다. 마르크스가 제임스 밀의 정치경제학에 대한 논평에서 자주 사용했던 상호인정이란 어휘로 파악해 본다면, 지금 말

---

39 Brudney, "Der junge Marx und der mittlere Rawls", 135쪽 이하.

한 차이들은 다음과 같이 규정될 수 있을 것이다. 즉 시장경제 사회에서는 구성원들이 서로를 단지 개인적 수익자로 인정하고 이에 따라 서로 간의 의존성을 체계적으로 부정할 때 공유된 목표가 실현된다면, 이에 반해 자유로운 생산자들의 연합에서는 구성원들이 의도적으로 서로를 위해 활동할 때 공동의 목표 실현이 이루어진다. 왜냐하면 이들은 이미 상호적으로 서로의 욕구를 인정했고, 이 욕구의 충족을 위해 행동하기 때문이다. 비록 마르크스가 이렇게 말한 것은 아니지만, 그가 사회주의적 선행자들이 온갖 노력에도 불구하고 사정거리 안에 넣지 못했던 목표를 자신의 대안적 모델을 통해 달성했다고 믿었다는 점은 확실한 것 같다. 즉 마르크스는 개인적 자유 개념, 현존 사회질서의 정당화 원칙을 확장하고 변형시킴으로써 결국에 가서는 어쩔 수 없이 연대적 공동생활 요구에 합류하게 되었던 것이다. 그렇다면 이제 이 자리에서 마르크스가 말한 사회적 공동체 모델이 개인적 자유와 연대를 새로운 방식으로 화해시키라는 요구를 실제로 충족시키고 있는지를 체계적으로 검토해 보는 것이 좋을 것 같다.

물론 이 분석에서는 임시적이나마 초기 사회주의 대표자들 모두가 사회적 자유 원칙을 배타적으로 사회적 노동 영역에 토대를 둔 문제로 보려 했다는 점은 고려하지 않을 것이다. 오히려 이들은 이를 통해 사회 전체의 재생산이 조직된다고 보았기 때문에 정치적 민주주의에는 아무런 독립적 역할도 부여하지 않았으며, 따라서 아마도 여기에 어떤 다른 형태의 자유가 이미 제도화되어 있는 것은 아닌지를 주의 깊게 탐구할 필요도 없었다. 그러나 이미 말했듯이 나는 사회주의 기획의 이러한 태생적 결함을 다루기에 앞서서 우선적으로 앞서 서술한 사회적 자유 모델이 자유주의적 자유관의 개인주의에 대한 신뢰할 수 있는 독립적 대안인지를 검토할 것이다. 즉 초기 사회주의자들이 발전시켰던 것이 실제로 자유에 대한 독자적인 새로운 이해였을까? 아니면 흔히 "연대", 혹은 과거의 개념으로는 "우애"로 규정된 것을 단지 개선한 것일 뿐일까?

자유주의적 자유 모델의 전제는 일견 이론의 여지가 없는 이념인 것 같다. 즉 이에 따르면 의미 있게 개인의 자유를 말하려면, 행위 주체가 가능한 한 행동에 방해를 받지 않고, 아무런 강제 없이 자신의 의도를 추구할 수 있어야 한다. 이러한 행위 자유의 한계는 우선적으로 이러한 자유가 현실적으로 공존하는 타 주체들의 행위 자유를 제한하는 결과를 낳는다는 점이다. 따라서 자유주의는 이런 자유를 일반적으로 보장하기 위해 곧바로 다음과 같은 법질서에 대한 생각과 결합한다. 즉 각 개인이 자신이 원하는 대로 방해받지 않고 행동하려면 법질서가 타인의 동일한 자유에 대한 동일한 요구를 보장해야 한다. 이러한 자유주의의 초기 모델이 처음으로 복잡화 과정을 겪게 된 것은 아마도 루소, 그리고 이와 연관된 칸트를 통해서이다. 이 둘의 공통된 신념은, 행위의 동기가 되는 의도가 개인의 뜻이나 목적이 아니라, 자연적 충동으로 소급된다면 결코 개인적 자유에 대해 말할 수 없을 것이라는 점이다. 따라서 이 두 사상가들은 지금까지 내적으로 무규정적 상태에 있었던 자유 개념에 추가적인 전제를 결합한다. 즉 이에 따르면 자유의 결정 행위는 주체가 이성을 통해 설정된 목표에서 출발하는 자기규정 행위가 되어야 한다는 것이다.[40] 이렇게 루소와 칸트가 이뤄 놓은 진척 단계를 나중에 이사야 벌린은 "소극적" 자유에서 "적극적" 자유 이해로의 이행이라고 규정하면서 정치적으로 이를 경고했지만,[41] 초기 사회주의자들 모두는 거의 이에 대해 동의하고 있었다. 물론 이들이 새로운 자유 모델을 위한 논의들을 세세하게 알고자 하지는 않았겠지만, "사회계약론"이나 칸트의 도덕철학을 통해 개인의 자유가 자연적으로 정해진 목적 설정이 아니라, 오직 합리적으로 인식 가능한 목적 설정에만 존재할 수 있다는 생각은 이들에게 거의 자명한 것이었다. 물론 이들이 "합리적"인 것이 무엇인지에 대한 규정에서 칸트의 제안을 따르지는 않는다. 왜냐하면 합리적이 되기 위해서는 우선적으로 행위 준칙을 도덕적으로 검토하는 개인적 과정이 필요하고, 이 이후에 행위 준칙에 따른 행위들을 "자유"로 규정할 수 있다는 생각은 이들에게 타당한 것이 아니었기 때문이다. 오히려 이들은 루소에 근거하거나, 혹은 마르크스의 경우에는 헤겔에 근거한 것 같다. 루소나 헤겔은 비록 서로 다른 이유에서이지만, 개인적 의도가 타락하지 않은 "자연적" 욕구나, 이성의 역사적 상태에 상응하는 욕구에 정향되어 있을 경우 이를 충분히 자유로 간주할 수 있다고 보기 때문이다.[42] 따

---

40 이런 결정 단계에 대해서는 Jerome B. Schneewind, *The Invention of Autonomy*, Cambridge 1988, 22/23장.

41 Isaiah Berlin, "Zwei Freiheitsbegriffe", in: ders., *Freiheit. Vier Versuche*, Frankfurt/M. 1995, 197-256쪽.

42 루소에 대해서는 Frederick Neuhouser, *Pathologien der Selbstliebe. Freiheit und Anerkennung bei Rousseau*, Berlin 2012, 특히 109쪽 이하, 170쪽, 204-208쪽; 마르크스의 문제 틀에 대해서는 Lawrence A. Hamilton, *The Political Philosophy of Needs*, Cambridge 2003, 53-62쪽.

라서 사회주의자들에게 개인의 자유란 지금까지도 우선적으로 오직 각자의 자유로운 의도이면서 어느 정도 모든 사람이 공유하는 의도들을 실행하는 것을 의미한다. 물론 이러한 실행은 다른 모든 사회 구성원들의 동일한 자유에 대한 동일한 요구로부터 도출된 강제 이외에는 그 어떠한 강제에도 종속되지 않는다.

그러나 특히 프루동과 마르크스가 이러한 적극적 자유 모델에 부여한 특수한 전환은 주체들의 자유로운 의도 실현을 방해할 수 있는 정당성 없는 강제가 어떤 것인가에 대한 본질적으로 더 포괄적인 입장에 따른 것이다. 초기 자유주의의 입장에 따르면, 이러한 강제란 우선적으로 외적인 사회적 장애물이며, 그 전형적인 사례는 개개인에게 자신의 의지를 강요할 수 있는 개인이나 집단의 권한이다.[43] 오늘날 퀸틴 스키너와 필립 페팃 같은 저자들이 옹호하고 있는 공화주의 전통에서 강제의 범위는 이제 타인의 의지에 영향을 미치는 것까지 포함할 정도로 확대되었다. 따라서 "비지배로서의 자유"가 바로 그동안 자유에 대한 공화주의적 이해를 표현하기 위해 채용된 공식이다.[44] 그러나 사회주의자들은 이런 식의 사고를 훨씬 더 넘어서 있다. 왜냐하면 이들은 합리적으로 실현되길 원하는 개개인의 의도가 이와 대립된 타인의 의도 때문에 사회적 저항에 부딪치게 될 때이미 강제가 존재한다고 가정하기 때문이다. 이들의 시각에서 볼 때

---

43 Friedrich August von Hayek, *Die Verfassung der Freiheit* [1960], Tübingen 1971.

44 Quentin Skinner, *Liberty before Liberalism*, Cambridge 1998; Philip Pettit, *Gerechte Freiheit. Ein moralischer Kompass für eine komplexe Welt*, Berlin 2015.

사회 전체에서 어떤 이성적 목표의 개인적 실현이 강제 없이 이루어
지기 위해서는 이러한 행동이 다른 모든 사람들의 동의를 얻어야 하
며, 이들의 보완적인 도움 행위를 통해 비로소 완성되어야 한다. 따
라서 개인의 자유가 존재할 수 있는 곳은 결국, 헤겔의 용어를 사용
한다면, 다른 사회구성원들이 개개인의 행위 의도 제한의 원인자가
아니라, 이를 실현하기 위해 필요한 협력자로 간주될 수 있는 곳뿐
이다.[45]

이러한 사회주의자들의 논의에는 이들이 항상 자유 개념과 한 호
흡으로 언급하던 특수한 공동체 개념이 적용되어 있다. 물론 이들
역시 각각의 어휘 사용에서 자신들을 차별화하려고 하는 만큼, "공
동체" 개념 속에 흔히 이 표현이 규정하는 것보다는 더 많은 것을 포
함시키고 있다. 즉 공동체는 공유된 가치관과 일정 정도의 집단적
목표와의 동일화뿐 아니라, 무엇보다도 집단 구성원들이 서로를 위
해 상호적으로 책임지는 것과 각기 타인에게 관심을 갖는 것 역시
내용으로 한다. 물론 우리는 이미 앞서 여기서 말하는 집단적 목표
가 단지 중첩적인 것이 아니라 상호 매개된 것이기 때문에, 구성원
들은 단지 "함께" 활동하는 것이 아니라 바로 "서로를 위해" 활동
한다는 이념을 통해 이와 같은 사회주의적 공동체 개념과 마주한 바
있다.[46] 이런 점에서 이제 사회주의자들이 이런 공동체 모델과 자유

---

45 헤겔의 자유 개념에 대해서는 Axel Honneth, "Von der Armut unserer Freiheit. Größe und Grenzen der Hegelschen Sittlichkeitslehre", in: ders./Gunnar Hindrichs (Hg.), *Freiheit. Internationaler Hegelkongress 2011*, Frankfurt/M. 2013, 13-30쪽.
46 이러한 차이에 대해서는 앤드루 메이슨의 탁월한 연구를 참고했다. Andrew Mason,

개념을 어떻게 연결시키고 있는지에 대해 질문할 수 있을 것이다.

　이런 연결을 만들어낼 한 가지 가능성은 연대적 공동체를 앞서 서술한 자유 실현의 필수적 조건으로 이해하는 것이다. 공동체 개념에서 상호적 관심을 제외한 더 약한 형태이지만 조지프 라즈는 그의 책 『자유의 도덕성』에서 이런 테제를 제시한다. 그에 따르면, 개인들은 자신들에게 각자가 추구하는 목적 실현의 구체적 가능성을 마련해 주는 사회적 공동체에서 생활하지 않는 한 자율성을 행사할 수 없다.[47] 그러나 사회주의자들은 더 많은 것을 원하고 있으며, 자신들이 구상했던 공동체를 단지 자신들이 염두에 두었던 자유의 필연적 전제로만 이해하지는 않는다. 오히려 사람들이 받은 인상에 따르면, 이들에게는 연대적 공동체 내에서의 협력 자체가 자유의 실현으로 간주되기 때문에 이에 앞서는 어떤 것도 개념적 가치를 지니지 않는다. 이런 점에서 사회적 자유란 한 공동체의 사회적 실천에 참가하는 것을 말하며, 이를 통해 구성원들은 서로에게 관심을 가짐으로써 각기 타인을 위해 이들의 정당한 욕구 실현을 상호적으로 지원하게 된다. 이런 전환을 통해 자유 범주는 전체론적 개인주의의 요소가 되었다. 자유가 의미하는 것, 즉 가능한 한 개인 자신의 의도나 목표가 방해받지 않고 실현된다는 것은 이제 개별적 인간에 의해 실현되는 것이 아니라, 이에 상응하는 집단에 의해 실현된다. 그러나 이 때

Community, Solidarity and Belonging. Levels of Community and their Normative Significance, Cambridge 2000, I.1장(17-41쪽).

47 Joseph Raz, *The Morality of Freedom*, Oxford 1986, 307-311쪽; 이에 대해서는 Mason, *Community, Solidarity and Belonging*, 55쪽 이하.

문에 이 집단이 부분들 위에 있는 더 높은 수준의 실체로 간주되는 것은 아니다.[48] 물론 속성, 능력, 또는 업적으로 이해된 자유의 매개체가 사회주의자들에겐 전체로서의 사회적 집단이지만, 이 집단의 존재는 다시 개인적 주체들의 상호작용의 결과이다. 집단이 개인적 자유의 담지자가 되는 것은 오직 그 구성원들의 특정한 행동 방식이 지속성을 가짐으로써 제도화될 경우뿐이다. 최우선적으로 이에 속하는 것은 모든 사람들이 도구적이지 않은 이유에서 타인의 자기실현을 염려하도록 하는 상호 관심이다. 이런 식의 교제 형태가 사회적 공동체 내에서 관철될 수 있다면, 사회주의자들의 시각에서 볼 때 자본주의 사회를 규정하는 모든 부정적 사건들은 더 이상 고려의 대상이 되지 못한다. 주체들은 서로에게 상호 관심을 갖기 때문에 이들은 근본적으로 동등한 존재로서 행동하며, 이때부터 서로에 대한 착취나 도구화를 포기하기 때문이다.

장차 전체 사회가 이러한 연대적 공동체 모형을 갖출 수 있어야 한다는 생각에는 사회주의의 시원적 이념이 뿌리박혀 있다. 이 이념은 상호 갈등 속에 있는 프랑스 대혁명의 세 가지 요구를 대담한 방식으로 일격에 하나의 원칙으로 통일시켰다. 왜냐하면 이는 개인의 자유를 타인을 통한 자기 보완으로 해석함으로써 이제 자유가 평등과 우애 요구와 완전히 통합되었기 때문이다. 이렇게 사회주의 운동은 더 이상 개인이 아니라, 연대적 공동체를 자유 실현의 담지자로

---

48 이런 전체주의적 개인주의의 입장에 대해서는 Philip Pettit, *The Common Mind. An Essay on Psychology, Society, and Politics*, Oxford 1993, 271쪽 이하.

이해하는 전체론적 사고로부터 출발했다. 따라서 이후에 사회주의 당원들이 현존하는 결함을 고치기 위해 고안하게 될 모든 조치들은 좋든 싫든 이렇게 상호 보완적이며, 동등한 행위 구성원들의 공동체를 만들려는 목표에 기여해야만 했다. 사회주의가 이렇게 프랑스 대혁명의 요구들과 결합됨으로써 사회주의는 시작부터 부르주아적 비판이 사회주의 운동의 목적을 간단히 근거 없는 것으로 거부하기 어렵게 만들기도 했다. 왜냐하면 사회주의 운동에서 근거로 삼았던 규범적 원칙들이 바로 한때 민주주의적 법치국가를 쟁취하려는 부르주아 계급을 등장시켰던 그 규범적 원칙들과 동일한 것이었기 때문이다. 따라서 오늘날까지도 사회주의에 대한 비판이 집단주의 비판이나 혹은 목가적 공동체 비판과 같은 외관을 띠게 된 것도 이 비판들이 거의 의도적으로 오늘날 사회의 정당성 원칙에도 자유 이념만이 아니라, 특정한, 그렇지만 그 모호함이 인정된 연대와 평등 이념이 포함되어 있음을 부정했기 때문인 것 같다.[49]

그러나 다른 한편 그 후 제기된 비판에서는 사회주의에 대한 비판이 다시 수월해지기도 했다. 왜냐하면 초기 사회주의자들은 자신들의 상궤를 깨는 초기의 생각에 충분히 설득력 있는 틀을 제시하는 데 소홀했기 때문이다. 이들이 19세기 전반부에 제시한 구상들은 너

---

49 "우애", 또는 "연대" 역시 우리의 근대 민주주의 사회에서 이미 정당성 있게 제도화된 원칙들에 속한다는 말은 얼핏 보기에 놀랄 만한 것일 수 있다. 그러나 모든 민주주의 문화에 깊게 깔려 있는 분배 정의가 열악한 위치에 있는 사람들을 위한 분배를 요구함으로써 모든 사회구성원 사이의 연대감에 호소한다는 점이 분명하다면 쉽게 이런 진술이 적절하다는 인상을 받을 수 있을 것이다. 이에 대해서는 John Rawls, *Eine Theorie der Gerechtigkeit*, Frankfurt/M. 1979, 126쪽 이하.

무나 결함이 많았기 때문에 이에 대해서는 금방 주목할 만한 비판들이 제기될 수밖에 없었다. 이미 잠시 살펴보았듯이 연대적 공동체에 대한 생각은 단지 배타적으로 경제적 활동 영역으로 제한되어 있었을 뿐이며, 점차 복잡해져 가는 사회 전체가 이를 통해 조직되고 재생산될 수 있는지에 대해서는 검토하지 않았다. 또한 정치적 의사결정 영역 전체가 시야에서 사라짐으로써 투쟁을 통해 얻어진 특정한 법적 자유에 대한 관계 역시 충분히 설명될 수 없게 되었지만, 왜 그렇게 되었는지는 그 이유를 찾아보기 어렵다. 이뿐 아니라 여기서는 무엇보다도 생시몽과 마르크스 같은 사회주의의 창시자들이 사회주의 기획에 역사형이상학적 요구를 부여함으로써 장차 자신들의 급격한 출현을 자본주의 사회 변혁을 위한 실험적 테스트로 이해하는 것을 불가능하게 만들었다. 즉 이에 따르면 사회주의가 요구하는 혁명은 머지않은 미래에 일종의 필연성을 통해 실현되기 때문에 현재 무언가를 점진적으로 변혁하려는 모든 시도는 인식적이고 정치적인 측면에서 효용을 가질 수 없다. 이런 초기 사회주의 프로그램들의 결함들 중에서 단지 초기 산업주의의 등장 맥락에 기인하는 것과, 상당히 심층적인 것으로서 사회주의 이념의 구조 자체에 기인하는 것은 서로 구분되어야 한다. 나는 2장에서 사회주의 기획의 세 가지 태생적 결함 모두를 다루면서 이러한 구분을 통해 이 결함 중 어떤 것은 단지 역사적 적응을 통해 극복될 수 있고, 어떤 것은 개념적 수정을 통해 극복될 수 있는지를 평가할 것이다. 이러한 과정을 통해 내가 목표로 하는 것은, 오늘날 다시 사회주의에 과거의 전파력을 되돌려 줄 수 있는 수정안을 전망해 보는 것이다.

산업주의 정신과 문화에 묶여 있음

내가 1장에서 보여주려고 했듯이, 초기 사회주의자들의 실천적 노력의 토대인 규범적 직관은 분배 정의라는 종래의 표상을 상당히 넘어선 것이다. 오히려 이들이 추구했던 것은 자본주의 시장경제에 대한 개혁, 혹은 혁명적 극복을 통해서 새로운 사회적 관계를 만드는 것이었다. 그리고 이것은 자유, 평등, 우애를 서로를 가능하게 하는 관계로 만듦으로써 프랑스 대혁명의 목표를 실현시킬 수 있는 사회적 관계를 의미했다. 이 세 가지 원칙들은 당시의 지배적인 경제 질서 때문에 지금까지도 갈등 관계에 있는 것처럼 이해되지만, 이 세 가지 원칙들을 화해시킬 수 있는 "사회적 자유"라는 해결 어휘가 있다. 즉 이에 따르면 인간이 자신에게 가장 중요한 일반적 욕구에 대한 관심 때문에 자신의 자유를 바로 자신만을 위해 실현하는 것은 아니다. 인간은 자유를 실현함에 있어서 특정한 규범적 의무를 수행함으로써 분명 "자유"로 규정될 수 있는 서로에 대한 관계에 의존한다. 이런 의무로는 최우선적으로 연대적 공동체에 존재하는 상호 관심을 들 수 있다. 이것 없이는 개별적 주체가 다른 주체의 보완적인 협력을 통해서 지속적으로 자신의 욕구를 강제 없이, 그리고 자발적으로 충족하는 것이 보장될 수 없기 때문이다. 사회구성원은 단지 "함께"가 아니라, "서로를 위해" 행동해야 한다. 왜냐하면 이들은 바로 이런 경우에만 자신들의 일반적 욕구를 자유로운 방식으로 충족할 수 있기 때문이다. 이런 점에서 처음부터 사회주의에 토대가 된 것은 새롭게 형성될 공동체적 생활 형식이었지, 단지 변혁된 분배 체제, 내지 정의로운 분배 체제의 관철에 대한 생각만은 아니었다.[50] 이제 나는 이 장에서 초기 사회주의자들의 규범적 지향이 전제한 사회 이론적 틀이 갖는 문제를 다루기에 앞서, 우선적으로 제법 수긍이 가는 비판들로부터 이 지향 자체를 방어하기 위해 이를 좀 더 자세히 설명할 것이다.

나는 1장 말미에서 개인의 자유를 다른 주체와의 관계에 의존적인 것으로 만듦으로써 이를 "사회적"으로 개념화하려는 이념을 전체론적 개인주의의 이론적 요소로 규정했다. 필립 페팃와 연관해서 보면 이는 인간의 특정한 능력이 실현되기 위해서는 사회적 공동체와 이에 따른 전체론적 실체가 필요함을 주장하는 사회존재론적 입장이다. 그러나 이로부터 개인적 주체의 불완전성이나 존재하지 않음이라는 결론이 도출되는 것은 아니다.[51] 이런 식의 사회적 자유관이 전체주의와 다른 것은 여기서는 일차적으로 개인의 자유 실현 조건이 중시되기 때문이다. 이에 반해 이 자유관이 종래의 개인주의와 다른 것은 여기서는 자유가 특정한 방식의 사회적 공동체에의 참여에 의존적이기 때문이다. 또한 초기 사회주의자들이 발전시켰던 이러한 중도적 입장에서 "자유"라는 용어는 동시에 두 가지 단계, 즉 개인의 자유와 사회적 공동체의 자유라는 단계에서 결정적 역할을 한다고 할 수 있다. 개별적 주체들은 자신의 자유 능력을 단지 사회적 공동체의 구성원으로서 실현할 수 있을 뿐이지만, 그럼에도 주체들은

---

50 이에 대해서는 다시 밀러를 참조했다. Miller, "In What Science Must Socialism be Communitarian?".

51 Pettit, *The Common Mind*, 271쪽 이하.

아무런 강제 없이 일반적으로 공유된 의도들을 상호적으로, 그리고 바로 그렇기 때문에 이를 상호적 관심을 통해 실현한다는 점에서 자유롭다.

이러한 자유 개념은, 아마도 추측할 수 있듯이, 구성원들이 서로를 면 대 면으로 알 수 있는 소규모 공동체를 전제한 것이 아니다. 물론 주체들에게 요구된 상호 관심이 개인적 지인 관계에서나 가능한 친밀성을 필요로 한다고 할 수 있을 것이다. 그러나 국가나 정치적 운동에 대해서도 이런 식의 공동체를 말하는 일상적 언어 사용을 볼 때, 이런 초창기 의혹이 근거 없음은 분명하다. 모든 구성원이 자기 자신을 각기 타인의 욕구를 염려해 주는 연대적 공동체의 구성원으로 이해하기 위해 서로가 그렇게 친밀할 필요는 없다. 베네딕트 앤더슨이 보여주듯이 몇몇 공유된 목표와 관련하여 서로를 동지적으로 이해하는 것으로 족하다. 이는 이에 상응하는 집단이 얼마나 큰지, 그리고 그 구성원들이 서로 개인적으로 알고 있는지와 무관하다.[52] 더구나 다른 구성원의 안녕을 염려하는 태도가 소규모의 가족과 같은 집단에서만이 아니라, 더 크고 익명적인 공동체 내에서도 가능하다는 점은 다음과 같은 사실에서도 어렵지 않게 알 수 있다. 즉 열악한 처지에 있는 사람들을 위한 정의 이론에 토대를 둔 분배 조치들은 항상 "연대", 혹은 "우애" 개념과 관련된 태도를 요구한다는 것이다. 이런 점에서 존 롤스 자신도 그의 『정의론』 몇몇 구

---

[52] Benedict Anderson, *Die Erfindung der Nation. Zur Karriere eines folgenreichen Konzepts*, Frankfurt/M. 2005; 또한 이런 주장에 대해서는 Mason, *Community, Solidarity and Belonging*, 38~40쪽.

절에서, 차등 원칙을 적용하기 위해서는 개개 사회의 시민들이 물론 사랑은 아니더라도, "우애" 관계를 전제하는 것이 필요하다고 말한다.[53]

따라서 사회주의 운동을 정치적 세계무대에 등장하게 했던 자유 이념이 그 적용을 위해 지금 논란이 되었던 소규모의 지인 공동체만을 전제한 것은 아니다. 오히려 이는 별 어려움 없이 전체 사회에 적용될 수 있다. 물론 여기서 분명히 해야 할 점은 이 자유 이념이 가능한 다른 형태의 자유, 그리고 사회적 재생산 전체와 어떤 관계를 맺어야 하는가이다. 바로 여기에 사회주의의 오류와 개념적 협소함이 존재하며, 이 점이 바로 내가 이 장에서 다루고자 하는 문제이다. 나는 이와 관련하여 많은 부분 서구 마르크스주의 전통과 연계될 수 있을 것이다. 이 전통은 이미 1920년대부터 사회주의 기획의 태생적 결함을 비판적 참여의 관점에서 무자비하게 드러내 주었다.[54] 여기서 말하는 사회주의의 협소함에 접근하기 위해서는 아마도 우선적으로 다시 한 번 한 걸음 되돌아갈 필요가 있다. 왜냐하면 어떤 사회 및 역사 이론적 틀 속에서 사회주의자들의 이 새롭고 전복적인 사회적 자유 개념이 발전되었는지가 잠시 설명되어야 하기 때문이다. 로

---

53 Rawls, *Eine Theorie der Gerechtigkeit*, 126쪽 이하; 또한 이에 대해서는 Brudney, "Der junge Marx und der mittlere Rawls", 148-158쪽.

54 "서구 마르크스주의"란 개념은 모리스 메를로-퐁티에 의해 만들어졌으며, 이때부터 루카치에서 마르쿠제로 이어지는 비정통적, 비판적 마르크스주의의 이질적 전통을 가리키게 되었다. 이에 대한 개관으로는 Martin Jay, *Marxism and Totality. The Adventures of a Concept from Lukács to Habermas*, Cambridge 1984. 트로츠키주의적이며, 따라서 소극적 동조의 관점에서 서구 마르크스주의를 파악한 것으로는 Perry Anderson, *Über den westlichen Marxismus*, Frankfurt/M. 1978.

버트 오언에서 프루동을 거쳐 칼 마르크스에 이르는 사회주의 운동의 선구자들 모두는 처음부터 분명하게 연대적 사회관계 형성의 지렛대가 자본주의 시장경제 자체의 개혁 혹은 혁명적 극복이어야 한다는 생각을 공유했다. 왜냐하면 당시 지배적이었던 자유 이해가 사적 이기주의로 축소된 본래의 원인이 자본주의 시장경제 제도들이었기 때문에, 혁명적 약속을 충족할 협력적 생활방식을 관철시키기 위해서는 바로 여기서 출발점을 삼을 수밖에 없었던 것이다. 이뿐 아니라 사회주의 운동의 대표자들은 기존의 경제적 관계 속에 그 전복에 필요한 동기와 준비가 이미 마련되어 있다는 데 동의하고 있었다. 왜냐하면 이들은 노동자, 생산자, 그리고 관리자들이 자본주의 시장을 항상 협력적으로 조직된 경제 양식으로 대체하려는 근원적 이해관계를 갖고 있다고 보았기 때문이다. 이러한 두 가지 가정 때문에 이 새로운 주의 주장은 이미 기존 사회에 존재했던 반대세력의 표현기관이자 자기반성의 심판기관이 되었다. 그 결과 이에 상응한 이론과 실천의 관계는 분명하게 규정된 사회 집단의 훈련, 정보제공, 혹은 계몽의 관계로 간주되어야만 했다. 끝으로 사회주의 운동의 추종자들 모두는 이들이 추구하는 사회관계 변혁이 일정 정도 역사적 필연성을 통해 수행된다고 가정하는 경향이 있었다. 왜냐하면 이들은 자본주의 시장경제가 자신이 산출한 위기 자체 때문에 몰락하면서 스스로 공동체화를 위한 경제 세력을 등장시키거나, 그렇지 않으면 인과적 결과인 빈곤화 때문에 점차 강력해지는 저항을 산출할 것이라고 보았기 때문이다. 즉 임박한 자본주의의 자기붕괴에 대한 설명들 각각을 보면 항상 사회주의의 지적 창시자들은 누구나 곧

닥칠 미래에 대한 역사적 필연성을 가정하고 있었다는 것이다.

　이렇게 사회주의의 배경을 이루는 세 가지 전제를 종합해 본다면, 초창기 사회주의자들이 자신들의 사회적 자유 이념을 적용할 때 그들이 되었던 사회관과 역사관의 대략적 윤곽이 드러난다. 즉 이들은 경제 영역에 대한 거의 배타적인 시각을 통해, 새로 획득된 자유를 단지 개인적 의도를 사적으로 추구한다는 의미로 이해하게 만든 필연적 원인이 오직 자본주의적 경제 제도 속에만 있다고 본다. 그리고 그 결과로 경쟁과 투기로 인한 사회적인 것의 해체에 저항하여 경제적 공동체화를 꾀하는 프롤레타리아의 대항 운동이 이미 이 경제적 영역에서 형성되었던 것이다. 이제 사회주의는 유능한 계몽과 훈련을 통해 역사적 과정을 추진하기 위한 자기반성적 기관으로서 이 대항 운동과 연결될 수 있었다. 이 역사적 과정은 일종의 필연성을 통해 전체 생산관계의 협력적 변형과 이로부터 서로를 위해 활동하는 전체 공동체 수립으로 나아간다. 분명 19세기 전반부의 사회주의 대변자들은 이 모든 사회 이론적 근본 가정에 동의했다. 하지만 사회적 자유라는 규범적 원칙에 동의한다 하더라도 다음과 같은 일련의 사회 이론적 문제들에 대해서는 개인적인 편차가 존재한다. 즉 이미 작동하고 있는 경제적 공동체화 과정은 단계적 개혁의 과정인가? 아니면 후에나 비로소 수행될 혁명에 근접하는 과정인가? 그리고 모든 생산자 연합의 최종 목표를 특징짓는 경제 관계는 구체적으로 어떻게 형성되어야 하는가? 특히 이 마지막 문제와 관련하여 사회주의자들의 생각은 현저하게 달라진다. 즉 자본주의 시장의 위기 취약성의 원인은 경제 이론적으로 무엇이며, 이에 상응하여 공동체를 기반으로 한 경제적 재생산의 적합한 통제 형태는 무엇인지에 대해서는 다양한 생각이 존재한다는 것이다.[55] 그렇지만 이 세 가지 가정, 즉 경제 영역이 중심 영역이며 적절한 자유 형태를 위한 투쟁이 전개되는 유일한 곳이라는 것, 경제 영역에 이미 존재하는 대항 세력과 반성적 차원에서 연계되어야 한다는 것, 끝으로 현존하는 저항 운동의 필연적 승리를 역사철학적으로 예견하는 것은 사회주의자들이 사회적 자유라는 공통된 이념을 발전시켰던 사회 이론적 사고 지평의 핵심적 교각이었다. 나는 이제 이 세 가지 전제들을 상세히 고찰함으로써 대안적 사회 모델 구상이라는 주도적 목표를 위해 어떤 귀결들이 이와 연결되어 있는지를 검토할 것이다. 따라서 이 단계에서는 우선적으로 초기 사회주의자들이 사회적 자유에 대한 자신들의 시원적 이념을 이 세 가지 가정 속에서 발전시킴으로써 사회주의 운동에 남겨 놓을 수밖에 없었던 사회 이론적 유산의 깊이를 측정해 봐야 할 것이다.

1. 이미 살펴보았듯이 칼 마르크스에까지 이르는 초기 사회주의자들에게는 혁명을 통해 이미 정착된 자유 권리를, 경제 영역 내에서 국가 제재를 통해 허용된 사적 소유를 토대로 한 개인적 이익추구 권리로만 이해하려는 경향이 있었다. 이들의 시각에서 볼 때 자본주의 시장 체계는 개인적 자유의 새로운 보호처가 되었으며, 비판적 의도

---

55 이에 대한 최초의 개관은 Eduard Heimann, *Geschichte der volkswirtschaftlichen Lehrmeinungen*, Frankfurt/M. 1949, V.3장.

에서 볼 때 공동체적 생산양식에 대한 비전과 대조된다. 여기서는 주체들이 더 이상 대립적인 것이 아니라 서로를 위해 활동하며, 따라서 내가 사회적 자유라고 지칭했던 것을 실현하기 때문이다. 그러나 소위 사적 이기주의화된 자유만이 아니라, 새로운 사회적 자유에 대해 단지 경제적 행위 영역과 관련해서만 이야기하는 과정에서 이젠 한 가지 문제가 등장하며, 이는 보기보다 훨씬 중대한 문제이다. 왜냐하면 적어도 루소와 그의 혁명적 계승자들은 민주적 인민지배라는 완전히 다른 영역을 위해 개인적 자기규정이라는 새로운 권리를 예견하기도 했지만, 여기서는 뜻밖에도 민주적 인민지배가 돌연 규범적 규정성을 빼앗기고, 사회적 재생산에서 무시해도 될 만한 영역으로 뒤쳐져 버렸기 때문이다. 사회주의자들은 모든 자유를 싫든 좋든 오직 일면적으로 경제적 행위 영역에 위치시켰기 때문에, 이들은 갑자기, 그리고 제대로 알지도 못한 채, 공동의 목표를 민주적으로 협상하는 새로운 정치 체제를 마찬가지로 자유의 범주를 통해 사고할 수 있는 기회를 잃고 말았다. 그리고 그 결과 이들은 충분한 정치 개념을 가질 수 없었을 뿐 아니라, 동등한 자유권 전체가 갖는 해방적 측면을 놓칠 수밖에 없었다. 이런 표면 아래에서의 과정 때문에 중요한 방향 설정에서 어떤 일이 벌어졌는가 하는 점은 이후 사회주의의 운명을 이해하는 데 아주 중요하며, 이런 점에서 이에 대한 좀 더 상세한 설명이 필요하다.

이미 생시몽과 그의 제자들, 그리고 생시몽주의자들에게 두드러지게 나타났던 것은, 선구적인 혁명의 지속이라는 관심 때문에 정치적 영역에는 주목하지 않은 채 모든 주의를 산업생산 영역으로 돌렸다는 점이다. 이 학파의 입장에 따르면 산업과 상거래에서의 기술 진보를 통해 낡고, 경제적으로 비효율적인 봉건지배의 마지막 잔재가 결정적으로 극복되고 새로운 사회질서로 대체되는 시대가 도래하였다. 이 새로운 사회질서에서는 모든 사람이 완전고용 보장을 통해 산업적 경제 영역에서 활동하고, 노동자도 관리자 못지않게 자신들이 협상한 계획에 따라 함께, 그리고 열악한 위치에 있는 사람들의 욕구 충족을 위해서도 함께 노동한다. 그리고 이런 변화된 협동적 생산양식을 위한 전제는 중앙은행을 통해 만들어지며, 이는 대의제적이고, 또한 산업세력으로 구성된 단체로서 미래의 모든 정치적 통제를 불필요한 것으로 만든다. 왜냐하면 이 중앙은행은 한 나라의 운명과 번영을 신용대출 결정을 통해 규정하기 때문이다.[56] 잘 알려져 있듯이 생시몽과 그의 제자들은 자신들의 기술관료적 학설에 새로운 시민종교적 아우라를 갖추게 하였으며, 그 이후의 사회주의 세대들도 이들과 다를 바 없이 새로운 시민권의 정치적 기능과 같은 것에 대해서는 관심을 기울이지 않았다. 유사 종교적 생시몽주의자 종파와 함께 이 세대들은 사회의 연대적 재조직화는 오직 경제적 영역에서만 이루어질 수밖에 없다는 생각을 공유하고 있었으며, 미래의 경제적 영역에서는 사적 이기주의 대신 욕구 충족에서의 상호적 자기 보완이 존재하지만, 이에 반해 정치적 제도들은 그 통제 역할을 상실할 것이라고 보았다. 프루동은 이미 새로운 자유 개념과 관

---

56 Salomon-Delatour (Hg.), *Die Lehre Saint-Simons*, 특히 112-130쪽; 또한 이에 대한 개관은 Cole, *Socialist Thought*, IV장, V장; Droz (Hg.), *Geschichte des Sozialismus*, Bd. II, 113-130쪽.

련하여 마르크스에 앞서 이를 가장 명료하게 정식화하였지만, 그에게는 이런 문제점이 가장 잘 나타난다. 왜냐하면 그는 모든 통치 활동의 즉각적인 철폐를 요구했을 뿐 아니라, 소규모 생산 공동체의 상호작용이 이를 완벽하게 잘 대체할 수 있다고 보았기 때문이다. 이런 점에서 프루동은 혁명을 통해 선언된 자유 권리에 대해서도 아무런 그 이상의 필요성도 보지 못했다. 그의 관점에 따르자면 자유 권리는 분명 자본주의 시장에서의 사적 소유자들의 이익에 봉사하는 것일 뿐이며, 그렇기 때문에 협력적 생산양식이 관철되면 그것이 이전에 갖고 있던 역할은 사라지고 말 것이었다.[57]

푸리에, 루이 블랑, 또는 오귀스트 블랑키에게서도 유사한 사고가 발견된다. 왜냐하면 빈번히 이들은 당시 막 쟁취했던 동등한 자유 권리의 제도들에 대한 경멸감을 드러냈기 때문이다. 그리고 비로소 마르크스는 이와 관련된 문제 틀 전체를 다시금 새로운 차원의 논쟁에 부치게 된다. 마르크스는 1844년 출간되었으며 향후에는 건설 중에 있던 사회주의 운동의 정치적 자기 소통 과정의 표석이 되었던 「유대인 문제에 관하여」에서 정치적 평등을 위한 유대인들의 투쟁이 장차 사회주의적 목표 설정을 위해 어떤 의미를 갖는지를 탐문한다.[58] 이에 대한 마르크스의 대답은 두 단계로 진행된다. 왜냐

---

57 Pierre-Joseph Proudhon, *Theorie des Eigentums* [1866], Kiel 2010, 9장; 프루동의 "아나키즘"에 대해서는 Jacques Droz (Hg.), *Geschichte des Sozialismus*, Bd. III: *Sozialismus und Arbeiterbewegung bis zum Ende der I. Internationale*, Frankfurt/M., Berlin, Wien 1975, 82-87쪽.

58 Karl Marx, "Zur Judenfrage", in: ders./Friedrich Engels, *Werke (MEW)*, Bd. 1, Berlin 1970, 347-377쪽.

하면 그는 이 문제를 우선은 단지 현존 사회와 관련하여, 그리고 나서는 비로소 해방된 사회와 관련하여 해결하기 때문이다. 기존 사회와 관련하여 마르크스가 주장하는 바는 헤겔의 법철학의 어휘를 사용하고 있다. 이에 따르면 "시민사회", 즉 자본주의 시장경제와 "국가"는 두 가지 서로 분리된 영역으로서 각기 고유한 원칙에 종속된다. 마르크스는 이러한 제도적 과제 분업에 머물러 있었기 때문에 유대 소수민족의 정치적 통합 노력은 명백한 해방적 가치를 갖는다고 믿었다. 동등한 자유 권리를 국가가 보장한다는 것은 모든 과거 사실에 비춰볼 때 하나의 규범적 진보이기 때문이다.[59] 물론 마르크스의 관점에 따르면 유대인의 정치적 통합 노력은 곧바로 이 긍정적 기능을 상실하고 만다. 지금까지 분리되었던 국가의 활동이 장차 다시금 진정한 인간 공동체의 과제 영역으로 되돌아간다면 말이다. 이런 식의 조건 하에서는 인간이 "시민"과 "부르주아", 즉 국가 구성원과 사적 경제 주체라는 잘못된 분열에 빠지는 것이 결정적으로 지양될 뿐 아니라, 모든 협력적 사회구성원 연합을 통해 정치적 관리라는 과제가 공통적으로 극복된다. 왜냐하면 여기서는 각 개인을 위해 더 높은 심급에서 개인적 자기규정의 권리를 요구할 필요가 사라지기 때문이다. 이것이 바로 마르크스의 논증 전개에서 우리가 특히 주목할 만한 가치가 있는 마지막 사고 단계이다. 마르크스 자신은 자유주의적 자유 권리가 "모든 국민을 국민주권의 동등한 참여자로 포고하는 수단"이라고 말했지만, 그에게 이 자유의 권리는 미래의

---

59 앞의 책, 356쪽.

사회주의 사회에서 규범적 의미를 상실하게 된다.[60] 왜냐하면 여기서는 공동의 의사 형성과 관련하여 각 개인의 자기규정 권리를 필요로 하는, 경제 활동으로부터 분리된 어떤 특수한 협상이 더 이상 필요치 않기 때문이다.[61]

이렇게 마르크스는 단지 국가적 정치와 경제적 생산 사이의 제도적 영역 분리가 존속하는 한에서만 자유주의적 자유 권리를 권장할 가치가 있는 것으로 보았다는 점에서 이를 상대화시키고 있다. 바로 이러한 상대화는 사회주의 운동에서 그 발생기부터, 그리고 나중에도 극복하기 어려운 장애가 된다. 즉 자유와 우애의 사후적 화해에 대한 모든 희망은 오직 경제 영역을 공동체적으로 변형시키는 것과 관련되어 있었기 때문에, 사람들은 서로를 위해 활동하는 주체들의 공동체에서는 개인적 권리를 남김없이 사라지게 할 수 있을 것이라고 믿었다. 그리고 이 때문에 결국 개인의 자율성이나 상호주관적으로 공동의 의사를 탐색하는 데에는 아무런 정당한 자리도 남겨 놓지 않았다. 아마도 사회주의 운동 창립기의 그 어떤 자료를 끌어 대더라도, 도처에서 이와 동일한 경향과 부딪치게 될 것이다. 왜냐하면 여기서는 미래 사회를 조직적으로 건설하는 데 있어서 자유주의적 자유 권리와 마찬가지로 이에 근거한 자유롭고 동등한 국민들 사

---

60 앞의 책, 354쪽.
61 「유대인 문제에 관하여」에서 개진된 마르크스의 논증에 대한 다양한 문헌 중에서 두 가지 새로운 것만 지적한다면, Frederick Neuhouser, "Marx (und Hegel) zur Philosophie der Freiheit", in: Jaeggi/Loick (Hg.), *Nach Marx*, 25-47쪽; Catherine Colliot-Thélène, *Demokratie ohne Volk*, Hamburg 2011, 58-68쪽.

이의 의사형성에도 아무런 역할을 부여하지 않고 있기 때문이다. 따라서 사회적인 것을 새롭게 조직하는 형태는 오직 주체들이 협동적 생산에 함께 영향을 미침으로써 사회에 관여하는 것으로 특징 지워져야만 했다. 물론 이를 통해 주체들은 공동으로 자신의 사회적 자유를 실현할 수 있었겠지만, 개인적 자기규정에 대해서는 더 이상 관심을 둘 수 없었다. 이런 식의 미래 구상이 낳은 결과는 사회주의로부터 정치적 영역에 대한 규범적 접근법을 찾지 못하게 하는 무능력이었다. 사회주의 운동이 이러한 초기의 결함을 극복하기 시작하기까지는 수십 년이 걸렸으며, 그 방식은 "사회주의"라는 투쟁 개념에 "민주적"이라는 형용사를 붙이는 것이었다. 이 민주적 사회주의라는 공식은 사회민주주의 정당이 2차 대전 후에 비로소 공식적으로 제기했다.[62] 그러나 이 역시 사회주의 창시자들로부터 물려받은 문제를 해결하는 데 있어서 임시변통일 뿐이었다. 왜냐하면 사회적 자유라는 주도적 이념을 어떻게 파악해야 자본주의적 사적 이기주의 비판을 고무하면서도 개인적 자유 권리의 가치 전체를 부정하지 않을 수 있겠는가 하는 문제는 근본적으로 대답되지 않은 채 남겨졌기 때문이다. 그 대신 이 이중적 개념을 통해 대부분 지향했던 것은 너무나 제한된 생각이었다. 즉 종래의 자유주의적 모델에 따라 의회에서의 다수 장악을 통해 자본주의 시장을 제한함으로써 "사회적 문제"를 해결하는 제도적 영역으로 정치적 민주주의를 이해하는 것이

---

62 이에 대해서는 Schieder, "Sozialismus", 990쪽 이하; "사회민주주의"라는 정당 이름의 전사에 대해서는 앞의 책, 977쪽 이하; 독일의 사회민주주의 역사에 대해서는 Detlef Lehnert, *Sozialdemokratie zwischen Protestbewegung und Regierungspartei 1848-1983*, Frankfurt/M. 1983.

그것이었다. 이 때문에 사회구성원들이 대립적이 아니라 서로를 위해 활동할 수 있는 방식으로 경제적 행위 영역 자체를 변혁하라는 본질적으로 더 근본적인 요구들은 사라져 버렸다.[63]

만약 사회주의 이념이 이런 민감한 문제에서 그 창시자들을 포기하고 헤겔의 자유 개념을 재수용함으로써 계속적 발전을 이뤄냈다면 상황은 완전히 달라졌을 것이다. 왜냐하면 여기에는 원칙적으로 자유주의적 자유 권리를 장애물이 아니라, 경제 영역에 대한 초기의 통찰에 맞게 실현되어야 할 사회적 자유의 필연적 조건으로 생각할 수 있는 가능성이 존재하기 때문이다.[64] 아마도 이런 길을 갔다면 경제적 행위 영역만이 아니라, 민주적 의사형성 절차 역시 사회적 자유 원칙에 종속시킬 수 있는 기회도 생겼을 것이다.[65] 나는 사회주의 전통에서 사용되지 않고 남겨져 있었던 대안에 대해 이 글의 4장에

---

63 이런 상황에서 전적으로 다른 주장을 내세운 사람은 에두아르트 베른슈타인이었다. 이미 20세기 초에 그는 산업주의에 뿌리박고 있는 사회주의의 이론적 결핍에 대해 일관되고 철저하게 사고했던 유일한 노동운동 지식인이었다. 그에게 민주주의는 모든 사회주의 목표 설정의 규범적 핵심이었다. 왜냐하면 민주주의는 단지 다수결에 근거한 정치적 통치형태가 아니라, 사회적 삶 전체에 적합한 조직 형태였기 때문이다. 이런 점에서 베른슈타인은 그의 시대를 뛰어넘어 "민주주의"를 "자유의 조직"이라고 말했다. Eduard Bernstein, "Der sozialistische Begriff der Demokratie", in: ders., *Sozialdemokratische Völkerpolitik. Gesammelte Aufsätze*, Leipzig 1917, 11쪽. 베른슈타인의 "수정주의"가 갖는 급진성은 그의 저작에 대한 이차문헌들에서 대부분 간과되고 있다. 왜냐하면 이런 문헌들은 마르크스주의적 시각이나 당 내부의 시각에서 편찬된 것이기 때문이다. 한 가지 예외가 있다면, 그것은 보 구스타프손의 방대한 연구이다. Bo Gustafsson, *Marxismus und Revisionismus. Eduard Bernsteins Kritik des Marxismus und ihre ideengeschichtlichen Voraussetzungen*, 2 Bände, Frankfurt/M. 1972, 316–326쪽.

64 이에 대해서는 노이하우저의 연구를 참고. Neuhouser, "Marx (und Hegel) zur Philosophie der Freiheit".

65 이에 대해서는 Honneth, *Der Recht der Freiheit*, C.III.3장.

서 다룰 것이지만, 이에 앞서서 우선적으로 초기 사회주의자들이 가졌던 사회 이론의 두 번째 전제에 대해 살펴볼 것이다.

2. 초기 사회주의자들의 사회 이론적 사고의 두 번째 전제에 따르면 사회주의의 이상은 이미 당시 사회에 존재하던 대항 세력의 사실적 이해관계를 대변하는 것이었다. 이러한 전제에 대한 그 첫 번째 단서 역시 다시 생시몽과 그의 추종자들에게서 찾을 수 있다. 광범위하게 세분화되었던 이 학파의 구성원 모두가 일치했던 점은, 산업에 종사하는 전체 계급, 즉 단순 육체노동자에서부터 기술자와 관리자에 이르기까지 이들 모두는, 공동의 활동과 능력이 결국 봉건적-부르주아적 소유 질서라는 질곡으로부터 해방됨으로써 자유롭고 강제 없는 연합을 통해 생산력 발전에 영향을 미칠 수 있게 될 것을 기대하고 있다는 점이다. 이렇게 이미 존재하는 것으로 가정되었던 해방 과정을 배경으로 생시몽의 주의 주장이 넘겨받아야 했던 과제는, 결국 집단적으로 고대하고 있던 모든 생산적 노동세력의 공동체 질서를 조성하는 데 필요한 추가적인 지식과 종교적 외피를 두른 확실성을 제공하는 것이었다.[66] 이와 마찬가지로 당시 사회 자체에 전적으로 이론적 의미에서 이미 활동하는 대항 운동이 존재한다는 가정은 로버트 오언, 루이 블랑, 그리고 피에르-조제프 프루동에서도 다시 나타난다. 다만 여기서는 대항 운동 참여자가 단지 산업 임금노동자

---

[66] 이에 대해서는 Salomon-Delatour (Hg.), *Die Lehre Saint-Simons*, 103-111쪽; 이에 대해서는 다시 Droz (Hg.), *Geschichte des Sozialismus*, 117-121쪽.

대중으로 한정된다. 그러나 이들도 생시몽과 그의 제자들과 마찬가지로 사회주의 이념이 어떤 식으로든 영향을 발휘하기 이전에도 사회 발전이 모든 생산자들 간의 강제 없는 공동체화 방향으로 나아간다는 공통된 관심을 이미 스스로 갖고 있었다.[67]

분명 사회주의 이상을 표방하는 저항 운동과의 단순한 연계가 사회주의 이론 자체에서는 아무런 문제도 되지 않는다. 오히려 이러한 연계는 더욱이 미래를 지향하는 이론이 갖는 성찰적 구조에 속한다. 이런 이론들은 자신들의 진술이 실천적으로 영향력을 발휘하게 하고, 이를 통해 예견된 사회 상태가 초래될 수 있게 하는 제반 세력과 이에 대한 준비 가능성을 사회 현실 속에서 찾는다. 그러나 앞서 말한 저자들의 사회주의적 사고에는 전혀 다른 전략이 뿌리를 뻗고 있다. 이것은 저항 운동을 단순히 경험적으로 탐색하는 것이 아니라, 이를 자명한 것으로 전제하는 것이다. 경향적으로 볼 때 사람들은 이론이 실천되기에 앞서서 사회적 현실 속에는 이에 대한 관심과 열망이 이미 객관적으로 존재하고, 이에 근거하여 그 후에 이론이 자신의 의도를 정당화하고 관철시키려 한다고 생각한다. 이렇게 전과학적으로 존재하는 것들을 객관적 의미에서 말할 수 있는 유일한 가능성은 간단히 이 관심과 열망을 그 관련자들에게 사회학적으로 부과시키는 것이다. 즉 더 이상 이해관계나 사실적 열망이 아니라, 관련된 사회 집단들이 자신이 처한 상황에 대한 올바른 통찰을 갖기만

---

67 루이 블랑에게서는 이러한 모든 노동자들의 공통된 이해관계에 대한 가정이 분명하게 나타난다. Louis Blanc, "Organisation der Arbeit", 181쪽; 프루동도 이와 같은 의미에서 노동하는 계급의 "소명"에 대해 자주 이야기했다. Proudhon, *Theorie des Eigentums*, 144쪽.

하면 반드시 갖게 될 염원에 대해 말하는 것이다. 이렇게 관심을 부과하는 방식 때문에 당연히, 후에 막스 베버가 두드러지게 강조하듯이, 이론적 자의성의 문이 열리게 되었다. 왜냐하면 각기 현실에 대한 올바른 통찰로 간주된 것을 구체적으로 자기 것으로 체험할 때에만 관련 사회 집단들이 자신에게 부과된 관심에 도달할 것이기 때문이다. 그러나 이 올바른 통찰이란 단지 이론이 이에 앞서 사회적 현실을 탐구할 때 사용했던 규정을 통해 측정될 뿐이다. 이미 생시몽과 초기 사회주의의 다른 대표자들에서도 사회주의 이론이 일종의 순환적 자기 참조의 위험에 빠질 우려가 있었다. 왜냐하면 이들은 사회적 현실 속에 자신들의 예견을 정당화시키는 집단 운동을 투사시키고 있기 때문이다. 그러나 이 운동이란 사전에 이해관계 분류를 통해 비로소 구성된 것이었다.

이렇게 이론을 순환적 자기 참조 식으로 완결하려는 경향은 칼 마르크스의 저작에서도 여전히 강화되고 있다. 마르크스가 관련자들의 이해관계를 고려하고 있다는 점은, 그가 자신의 이론을 바로 이러한 이해관계의 표현수단으로 이해하려고 했기 때문에, 거의 그의 모든 저작에서 다양한 방식으로 나타난다. 그러나 그는 단지 그의 역사-정치적 저작들에서만 모든 임금노동자들의 단일한 이해관계를 가정하는 위험을 피하기 위해 사회 집단들의 구체적 열망에 대해 해명했을 뿐이다.[68] 물론 인간학적 초기 저작에서 마르크스는 단

---

[68] 이에 대한 전체 문제 틀에 대해서는 Cornelius Castoriadis, *Gesellschaft als imaginäre Institution. Entwurf einer politischen Theorie*, Frankfurt/M. 1984, 1부 1장, 19-120쪽; Jean L. Cohen, *Class and Civil Society. The Limits of Marxian Critical Theory*, Amherst 1982; 마르크스

순 부과 방식과는 전적으로 다르게 논지를 전개했다. 왜냐하면 그는 여기서 프롤레타리아 전체를 인류를 대표하면서 노동을 통한 자기실현 욕구를 강하게 표현하는 통일적 주체로 이해하려 하였기 때문이다. 마르크스에 따르면, 모든 인간이 본성상 갖고 있는 심층적 이해관계, 즉 자신의 활동의 생산물을 통해 자신을 대상화시키고 자신을 확인하려는 것은 자본주의 하에서 오직 임금노동자 집단을 통해서만 대표되고 있다. 왜냐하면 오직 이 집단만이 대상적 노동과 관계되며, 이로부터의 소외를 통해 자연적 충동으로부터 멀어짐을 인식하기 때문이다.[69] 마르크스는 1850년 경제적으로 정당화된 자본주의 분석으로의 방향 전환을 통해 프롤레타리아 계급의 전체 이익이라는 가정에 대한 근거 설정을 바꾼다. 그러나 이에 대한 해석은 항상 그렇듯이 혁명 지향적인 것이었다. 이제 노동자 계급 구성원들은 더 이상 자신들에게서 확인된 인간 본성적 목표 때문에 집단적으로 자본주의적 사적 소유 철폐를 소망하는 것이 아니다. 오히려 이는 이들이 자본주의적 조건 하에서 일어나는 착취의 증가 때문에 경제적 의미에서 자신들의 생존을 보장할 수 없기 때문이다.[70] 따라서 마르크스는 초기 저작에서나 후기 저작에서나 자신의 이론을 통해 대표된 목표 설정들이 사회 현실 내에서는 이미 집단적 주체를 통해

의 체계론적 저작과 역사적 저작들 사이의 긴장관계에 대해서는 Axel Honneth, "Die Moral im 'Kapital'. Versuch einer Korrektur der Marxschen Ökonomiekritik", in: Jaeggi/Loick (Hg.), *Nach Marx*, 350-363쪽.

69 이에 대해서는 Karl Marx, "Ökonomisch-philosophische Manuskripte" [1844], in: ders./Engels, *Werke (MEW)*, Ergänzungsband I, 553쪽 이하.

70 이와 관련해서는 유명한 표현들이 있다. Marx, *Das Kapital*, 790쪽 이하.

재현되고 있음을 가정하고 있다. 그리고 이 집단적 주체는 개별적 구성원들이 처한 상황이 아무리 다르더라도 혁명에 대한 통일적 이해관계를 갖고 있다. 그러나 이런 방법적으로 극도로 의심스러운 전제로부터 귀결되는 것은, 사회주의 이론이 이제부터는 초월적 필연성을 통해 현존하는 사회운동과 결합되었다는 점이다. 그러나 이 운동이 사회 현실 속에서 예언된 방식으로 존재하는지는 경험적으로 볼 때 전적으로 불분명하다.

이런 점에서 19세기 초반부 사회주의적 관념들이 산출해 냈던 모든 것이 늦어도 마르크스의 이론을 통해 배타적으로 혁명적 노동자 계급의 정신적 산물이 되었지만, 이 계급의 사실적 구성과 실제적 이해관계에 대해서는 더 이상 사고가 진척될 수 없었다. 왜냐하면 합리적 계산법 덕택에 노동자 계급은 동시에 모든 자본주의 사회의 깨버릴 수 없는 구성 성분으로 이해되었으며, 그 결과 이에 대한 경험적 의심과 재질문은 더 이상 중요성을 가질 수 없었기 때문이다. 사회 현실이 이런 상상적 거대 존재에 대한 집착을 강력하게 뒷받침하는 관찰 자료들을 충분히 공급해 준다면, 잠정적으로는 사회주의적 주의 주장의 단순한 표현적 혹은 모사적 특성을 의심할 아무런 동기도 없었을 것이다. 독일 사회민주주의의 초창기 대표자들에게도 사회주의 이념에 모든 임금생활자의 이해관계가 반영되어 있다는 믿음은 그 자체로 너무나 명백한 것이었다. 따라서 이들은 어떤 식으로든 이에 대해 도발할 만한 이유를 갖지는 못했을 것이다. 호르크하이머가 조직한 이론 집단이었던 초기 프랑크푸르트학파의 공적을 과대평가할 필요는 없지만, 이들은 최초로 혁명적 노동자 계급

이라는 사회학적 가상에 대해 경험적 근거를 토대로 숙고해 보려고
했다. 어쨌든 노동자 계급의 "권위주의"에 대한 학제적 연구가 진행
되면서 그 결말에는 계급 특수적 생활상을 자동적으로 열망 혹은 관
심으로 번역할 순 없다는 통찰이 등장했다.[71] 그리고 2차 대전 이후
에는 여기에 더해 서구 자본주의 국가들에서 고용 관계가 급속도로
변화하기 시작하였고,[72] 봉급생활자들이 더욱더 노동시장에서 주도
권을 갖게 됨으로써 후기 산업사회라는 말들이 널리 퍼지게 되었다.
그 결과 이전에는 철석같이 믿어졌던 사회주의의 계급 연관성이 붕
괴되었다. 혁명적 프롤레타리아가 존재하지 않을 뿐 아니라, 산업노
동자 자체가 임금생활자 대중 전체에서 소수가 되어버린 상황에서
사회주의 이념을 계속해서 항상 이미 존재하고 있는 혁명적 주체의
정신적 표현으로만 이해할 가능성 역시 더 이상 존재할 수 없다.[73]

분명 이 때문에 발생한 문제의 범위가 얼마나 큰 것인지에 대해선
대개 충분히 인식되고 있지 못하다. 사회주의를 주도하는 대표자들
의 시각에 따르면 사회주의가 시작부터 자유주의에 비견될 만큼 다
른 많은 것들 중 단지 정치적 이론에 불과한 것은 아니었다. 오히려
이들에게 중요한 것은 실천적 지향성을 갖는 미래 관련 주의 주장으

---

71 Institut für Sozialforschung (Hg.), *Studien über Autorität und Familie*, Paris 1936; Erich
Fromm, *Arbeiter und Angestellte am Vorabend des Dritten Reiches. Eine sozialpsychologische Unter-
suchung*, bearbeitet und eingeleitet von Wolfgang Bonß, Stuttgart 1980.

72 이에 대한 예로는 Daniel Bell, *Die nachindustrielle Gesellschaft*, Frankfurt/M., New York
1975.

73 이에 대한 예로는 Josef Mooser, *Arbeiterleben in Deutschland 1900-1970*, Frankfurt/M.
1984, 184쪽 이하.

로서 이는 사회적 자유에 대한 비전을 통해 사회 내부에 이미 존재
하는 이해관계가 작동되도록 하고, 또 이를 수정하면서 그 실현을
돕는 것이었다. 그러나 이제는 이런 전과학적 이해관계가 더 이상은
전제될 수 없다. 왜냐하면 이런 이해관계가 존재한다는 박약한 지표
마저도 이미 경험적으로 사라졌기 때문이다. 그 결과 사회주의는 사
회운동과의 연관성을 통해 자신의 존재를 정당화할 가능성을 상실
할 위험에 빠지고 말았다. 즉 사회주의가 명백히 자신의 목적을 이
미 실현하고 있는 사회적 세력과의 결합을 상실한다면, 이는 다른
규범적 이론과 마찬가지로 단지 분별없는 현실에 대한 하나의 이상
으로서만 타당성을 가질 뿐이기 때문이다. 이런 점에서 노동자 운동
의 해체는 사회주의 전통에서 단지 하나의 업무상 재해에 불과한 것
이 아니다. 그러나 프롤레타리아에게서 한때 이들에게 부과되었던
혁명적 변혁의 잔재라도 찾으려는 희망조차 빛을 바래면서, 사회주
의는 오히려 자신의 내부 가장 깊숙한 곳에 있는 핵심, 즉 바로 살아
있는 사회운동의 이론적 표현이고자 하는 요구와 만나게 되었다.[74]

---

74 급진적 사회주의 내부에서 이런 의식은 무엇보다도 프랑스의 전후(戰後) 운동인 "사회
주의냐, 야만이냐"에서 나타난다. 이에 대한 예로는 Cornelius Castoriadis, *Sozialismus oder
Barbarei. Analysen und Aufrufe zur kulturrevolutionären Veränderung*, Berlin 1980; 이 집단 전체
에 대해서는 François Dosse, *Castoriadis. Une Vie*, Paris 2014, 3/4장. 또한 앙드레 고르의 영
향력 있는 연구에 대해서는 André Gorz, *Abschied vom Proletariat. Jenseits des Sozialismus*, Re-
inbek bei Hamburg 1984. 이탈리아 탈노동자 운동의 좌파 급진적 사고 속에도 "다중"을 통
한 산업 프롤레타리아의 대체를 노동자 운동의 붕괴로 보는 의식이 반영되어 있다. Michael
Hardt/Antonio Negri, *Empire. Die neue Weltordnung*, Frankfurt/M. 2003. 한때 "혁명적"으로
인식된 산업노동자 계급의 소멸에 대한 애도는 특히 문학, 영화, 그리고 음악에서 일어났다.
이에 대한 예로는 Alan Sillitoe, *Die Einsamkeit des Langstreckenläufers* [1959], Zürich 1967;
Bob Dylan, *Workingman's Blues* #2, 2006 ("Modern Times"). 전통적 프롤레타리아의 자기소

이런 역사적 상황과 관련하여 오늘날 사회주의는 양자택일의 기로에 서 있다. 즉 순수한 규범적 이론으로의 퇴화를 감내하느냐, 아니면 사라진 노동자 운동과의 결합을 대신할 어떤 것을 찾느냐가 그것이다. 첫 번째 경우 사회주의는 많은 곳에서 이미 밟아온 길을 제시할 수밖에 없었다. 그것은 사회주의 이상에 추상적 정의의 원칙이라는 형태를 부여함으로써 경쟁적 이론의 눈높이에서 이를 방어하는 것이다.[75] 이에 반해 두 번째 경우 사회주의는 다음과 같은 과제를 제시하고 있다. 즉 사회주의의 목표들에 대한 사회 내적 이해관계를 일반적 차원에서 발견함으로써 원칙적으로 이를 사회운동의 부침으로부터 벗어나게 하는 것이다. 이 두 가지 선택지에 대해서는 3장에서 다시 이야기하겠지만, 이에 앞서 나는 일찍이 사회주의의 문제 많은 유산을 특징지었던 세 번째 사회 이론적 주제 영역으로 넘어갈 것이다.

3. 자본주의 하에서 항상 이미 올바른 이상을 향해 스스로 나아간다는 혁명적 주체에 대한 가정은 초기 사회주의자들의 사회 이론적 사고에서 거의 항상 역사철학적 가정을 통해 보완되었다. 이에 따르면 기존의 생산관계는 역사적 필연성을 통해 곧바로 해체될 수밖에 없으며, 이것이 사회주의의 세 번째 유산이다. 이것이 문제인 것은 이

멸에 대한 사회학적으로 인상적인 묘사를 제공하는 것으로는 Jefferson Cowie, *Stayin' Alive. The 1970s and the Last Days of the Working Class*, New York 2010.

75 이에 대해서는 Gerald A. Cohen, *Self-Ownership, Freedom and Equality*, Cambridge 1995.

러한 가정이 자본주의의 자기 파괴적 세력에 대한 연구를 자극하기 때문이 아니라, 직선적 발전관으로 인해 역사적 과정과 잠재력에 대한 실험적 관계를 불가능하게 만들기 때문이다. 이러한 사고틀의 형성은 이미 생시몽과 그의 학파에서 시작되었다. 이 학파의 구성원들은 자신의 스승을 따라 튀르고와 콩도르세 식의 이념을 믿고 있었다.[76] 이에 따르면 인류의 역사는 영원한 진보의 과정으로서 사회적 관계들이 기술과 과학의 지속적 성과에 필연적으로 적응함으로써 새로운 단계에 도달한다.[77] 생시몽주의자들은 이러한 진보사상을 배경으로 프랑스 대혁명 이후의 시기를 이른바 "비판적" 휴전의 시기로 해석했다. 이 시기에는 아직도 제거되지 않은 전통적 소유 질서가 일하지 않는 계급에게 사회 형성의 전권을 주었기 때문에, 산업적 생산양식의 풍부한 가능성이 아직도 이용될 수 없었다. 따라서 이들의 시각에 따르면 필연적으로 역사적 과정에서의 다음 단계는 부르주아, 귀족, 성직자와 같이 일하지 않는 계층들이 갖고 있는 부당한 재산을 국립중앙은행 소유로 전환하는 데 있다. 이 국립중앙은행은 대출 결정을 통해 모든 산업 활동자들로 구성된 대단위 협동공동체를 위한 경제적 전제를 만들기 때문이다.[78]

물론 이와 같은 시기이거나 조금 이후의 시기에 사회주의적 이념

---

76 많은 초기 사회주의 대표자들이 따랐던 이러한 역사철학적 사고에 대해서는 Robert Nisbet, *History of the Idea of Progress*, New York 1980, II부, 6장.

77 Salomon-Delatour (Hg.), *Die Lehre Saint-Simons*, 55-66쪽; 추가적으로는 Cole, *Socialist Thought*, IV, V장.

78 Salomon-Delatour (Hg.), *Die Lehre Saint-Simons*, 125-130쪽.

과 관계된 저자들 모두가 생시몽주의자들과 유사한 방식으로 역사 철학적 진보 모델을 따른 것은 아니다. 정치적 사건에 적극적으로 참여하거나, 혹은 로버트 오언처럼 경제적 대안 기업을 만드는 데 직접 참여한 사람들일수록 역사진행 과정에 대한 대담한 사변에 사로잡히지는 않았다. 하지만 초기 사회주의자 대다수와 생시몽 학파는 자신들의 지적 활동이 인류의 끊임없는 법칙적 진보 과정의 필연적 단계로 이해되어야 한다고 보는 데 일치한다. 이들에게 사회주의는 필연적 발전에 대한 인식의 산물과 다를 바 없었으며, 이러한 발전의 다음 단계는 시장경제적 경쟁을 극복하고 이를 모든 생산 활동자들의 협력적 연합으로 대체하는 것이었다. 이러한 역사철학적 사고 요소들은 사회주의 운동의 온건한 대표자였던 루이 블랑의 저작에서도 발견된다. 그는 콩도르세와 특히 생시몽에게 자극을 받았으며, 일생 동안 이들에게 커다란 찬사를 보냈다. 루이 블랑은 지속적인 학문적 계몽 과정이 머지않은 장래에 자신의 강령적 저술에서 권했던 연대적 경제공동체로의 개혁을 정확하게 수행하도록 만들 것이라고 생각했다.[79] 이는 프랑스 초기 사회주의자들의 자기이해가 얼마만큼이나 고전적 계몽주의의 낙관적 진보관에 종속되어 있는지를 다시 한 번 보여준다. 이에 따르면 학문적 통찰은 인류 문명의 단선적 발전의 원동력으로 이해된다. 그러나 이에 반해 프루동의 사고에서는 헤겔의 역사철학의 첫 번째 영향이 두드러지게 나타난다. 물론 프루동 역시 우군들만큼이나 자신이 선전하는 사회주의를 미래

---

79 Cole, *Socialist Thought*, 169쪽.

사회질서의 표지로 이해하려고 하였다. 이러한 사회질서에서 역사 발전은 증명 가능한 법칙적 필연성을 통해 이뤄진다. 그러나 프루동은 프랑스 사회주의 운동의 다른 대표자들과는 반대로 이 법칙성을 확대된 과학적 인식의 산물이 아니라, 항상 반복되는 적대적 계급 간의 새로운 화해가 단계적으로 진전되는 과정의 결과로 설명하려고 하였다.[80] 이렇게 사회적 계급투쟁의 진보적 역할에 대한 암시를 통해, 상당히 서로 떨어져 있는 전통적 자산들을 통합시키는 데 대가였던 프루동은 마르크스의 역사철학적 사유의 길을 예비해 놓았다. 물론 마르크스는 후에 자신의 저작에 대한 이 프랑스 무정부주의자의 영향을 부정해야 했을 뿐 아니라 그를 거칠게 비판해야만 했지만,[81] 그의 역사적 유물론에는 항상 반복해서 프루동의 사변적 사고 과정의 흔적이 분명하게 발견된다.

물론 초기 사회주의의 특징이었던 법칙적 진보에 대한 사유는 두 가지 아주 다른 버전으로 칼 마르크스의 저작에 영향을 미쳤다.[82] 이 두 가지 경쟁적 사고 단초 중 첫 번째 것은 헤겔과 프루동으로부터 영향 받았음을 감지할 수 있다. 여기에서는 사회 계급 간의 투쟁이 사회 발전의 추동력으로 가정된다. 이 계급투쟁의 결과가 일정한 방향을 갖는 단선적 개선의 과정을 보여준다고 말할 수 있는 것은 각각의 단계에서 각기 더 큰, 그러나 지금까지 배제되었던 집단

---

80 앞의 책, 208쪽.

81 Karl Marx, *Das Elend der Philosophie. Antwort auf Proudhons 'Philosophie des Elends'*, in: ders./Friedrich Engels, *Werke (MEW)*, Bd. 4, Berlin 1972, 63-182쪽.

82 이러한 긴장에 대해서는 Castoriadis, *Gesellschaft als imaginäre Institution*, I장.

의 이해관계가 주도권을 잡기 때문이다. 이렇게 가정된 투쟁 매개적 진보 과정 속에서 이제 사회주의는 마르크스에게 있어서 임시적으로 마지막 단계를 대표한다. 왜냐하면 이 단계에서는 프롤레타리아에 의해 대다수 구성원들이 사회형성 권력 자체를 장악하기 때문이다. 물론 이들의 열망은 그 이전에 항상 억압되었던 것이다.[83] 이에 반해 인간 역사의 방향성 있는 진보에 대한 가정을 설득력 있게 만들기 위해 마르크스가 제시한 두 번째 설명 모델은 전적으로 지식에 기초한 환경 지배가 단선적으로 향상되는 과정에 맞게 재단되어 있다. 따라서 이런 대안적 사고 단초 속에서 생시몽과 그의 학파의 이념이 지속적으로 작용하고 있음을 추측하는 것은 잘못이 아니다. 마르크스는 이 두 번째 모델에서 사회 발전의 원동력을 인간의 자연지배 능력의 지속적 향상으로 가정함으로써 아직 사용되지 않은 잠재적 능력이 단계적으로 사회조직 양식을 자신에 맞도록 강제한다고 보기 때문이다. 이러한 방식에 따르면 이제 전혀 다른 형태의 법칙적 진보관이 성립되게 된다. 즉 미숙하고 활기 없는 생산양식이 항상 반복적으로 혁명적 변혁을 통해 기술적 생산력 수준과 일치하게 된다는 것이다.[84] 따라서 최근 이러한 버전의 역사적 유물론을 경험하게 하는 정말로 의심할 바 없이 가장 설득력 있는 해석으로는 기

---

83 Karl Marx/Friedrich Engels, *Manifest der Kommunistischen Partei*, in: dies., *Werke (MEW)*, Bd. 4, 459~493쪽.

84 마르크스가 이러한 "법칙"에 대해 제시한 많은 정식화 중에 하나를 꼽자면 Marx, *Das Kapital*, 791쪽.

술결정론의 변종으로 규정된 제럴드 코헨의 해석이 있다.[85]

이렇게 이 두 가지 설명 모델이 한쪽에서는 생산력 발전을, 다른 한쪽에서는 계급투쟁을 말하지만, 이 모든 차이점에도 불구하고, "사회주의"로 지칭된 생산양식을 법칙적 역사 발전 과정의 바로 다음 단계, 즉 목전에 놓인 단계로 가정한다는 데 일치하고 있으며, 이를 통해 앞서 존재하는 모순들이 해소된다고 본다. 그러나 여기서 관련자들의 협력이나 행위는 부차적인 역할만 한다. 왜냐하면 이들은 역사적 필연성의 단순한 표현에 불과하며, 이 역사적 필연성은 이들의 배후에서, 따라서 이들의 의식 없이도 어쩔 수 없이 관철되기 때문이다. 분명 마르크스주의 역사에서는 역사적 유물론에서 차지하는 법칙 개념의 역할을 무력화, 혹은 상대화시킴으로써 이에 대한 비판에 대응하려는 시도가 반복해서 존재했다. 예를 들어 비판 이론의 대표자들이 제안했던 것은, 사회적 생산관계가 "자연발생적"으로 재생산되고, 이에 따라 인간의 계획을 통한 이성적 통제로부터 벗어나는 한에서만 역사적 과정의 법칙적 진행을 말할 수 있다는 식으로 마르크스를 이해하라는 것이다.[86] 그러나 이렇게 정제되고 역사적으로 제한된 형태 속에서 19세기 사회주의의 역사적 법칙성 개념이 작동했던 것은 아니다. 처음부터 여기서는 생시몽의 과학

---

85 Gerald A. Cohen, *Karl Marx's Theory of History: A Defence* [1978], Princeton/New Jersey 2001.

86 이에 대해서는 Theodor W. Adorno, "Die Idee der Naturgeschichte", in: ders., *Philosophische Frühschriften, Gesammelte Schriften*, Bd. 1, Frankfurt/M. 1973, 345-365쪽; Alfred Schmidt, *Der Begriff der Natur in der Lehre von Marx*, Frankfurt/M. 1971, III장.

낙관주의에서 비롯되었고, 또한 금방 대중화된 마르크스의 역사관
을 통해 강화된 다음과 같은 이념이 지배적이었다. 즉 자유로운 생
산자들의 협력 공동체라는 사회주의의 비전은 역사적 발전이 역사
의 내적 진보 동학을 토대로 그 자체로부터 필연적으로 나아갈 방향
을 표현한다는 것이다.

그런데 이러한 결정론적 진보관이 문제인 것은, 이것이 사회주의
운동에서 곧 격렬한 논쟁의 쟁점이 될 정치적 기회주의를 조장했기
때문만은 아니다.[87] 20세기 초 사회민주주의자들이나 공산주의자들
이 벌였던 논쟁 중 많은 것들은, 역사적 법칙에 대한 진술을 엄밀하
게 어떻게 이해해야 하는가와 이러한 진술이 변혁적 행위를 활성화
시키는 윤리로 대체되어야 하는가에 대한 것이었다. 이러한 논쟁들
은 사회주의 운동의 창시자들이 가졌던 역사철학적 결정론이 야기
했던 혼란에 대한 증거이다.[88] 그러나 법칙적 진보관에서 더 결정적
인 문제는, 이것이 장차 역사 발전을 항상 반복되는 새로운 도전들
의 총합으로 인지하는 데 방해가 되었다는 점이다. 물론 이런 도전
들이 사회 개혁에 적합한지 여부는 각기 실험적 테스트를 통해 비로
소 탐색될 수 있을 것이다. 존 듀이가 나중에 냉정하게 확언했듯이,
사회주의는 역사적 법칙성에 대한 가정 때문에 사회적 자유라는 주

---

87 이에 대한 예로는 Dieter Groh, *Negative Integration und revolutionärer Attentismus. Die deutsche Sozialdemokratie am Vorabend des Ersten Weltkriegs*, Frankfurt/M., Berlin, Wien 1974.

88 이에 대해서는 다음과 같은 문헌에 기록된 논쟁들을 참조. Hans Jörg Sandkühler (Hg), *Marxismus und Ethik: Texte zum neukantianischen Sozialismus*, Frankfurt/M. 1974; Nikolai Bucharin/Abram Deborin, *Kontroversen über dialektischen und mechanistischen Materialismus*, Frankfurt/M. 1974.

도적 이념이 역사적 조건에 따라 어떻게 가장 잘 실현될 수 있을지를 사회적 실험을 통해 발견하는 사회운동으로서의 자기이해를 가질 수 없었다.[89] 그 대신 모든 사회주의 대표자들에게 확실했던 것은 자유가 실현된 새로운 사회구성체가 어떤 성격을 가져야 하는가 하는 점이었다. 그러나 급속히 변화하는 상황이 사회 변혁을 위해 어떤 기회를 제공할지는 테스트해 보지 않았다.

역사적-실천적 방법으로서의 실험을 배제한 것이 기존 관계의 개혁 혹은 혁명을 추진할지 말지를 결정하는 것과 관련된 문제는 아니었다. 사회조직 원칙의 단계적 실현 가능성만을 믿었던 사람들조차도, 이러한 결정을 아직 이용되지 않은 기회와 활동 공간을 단지 절차적으로 탐색하는 데 맡겨 버리진 않았으며, 이에 대해서는 이미 사전에 명백한 확신을 갖고 있었다. 역사적 행위에 대한 실험적 이해로부터 멀어진 것은 사회주의 자체에 있는 범주적 문제이지, 단계적 문제는 아니었다. 역사의 법칙적 진행에 대한 믿음 때문에 사회 변혁의 다음 단계가 무엇인지는 처음부터 분명했으며, 따라서 이를 위해 현존하는 잠재력에 대한 상황적 테스트는 전혀 필요하지 않았던 것 같다.

역사적 실험주의에 대한 사회주의의 무능력은 사회주의가 발전시킨 이념이 맨 먼저 거의 배타적으로 예비해 놓았던 영역에서 가

---

89 John Dewey, *Liberalism and Social Action*, in: ders., *The Later Works*, Bd. 11: 1935-1937, Carbondale 1980, 1-65쪽; 정통 마르크스주의에 대한 이와 유사한 생각을 후에 모리스 메를로-퐁티가 정당화시켰다. 이에 대해서는 Maurice Merleau-Ponty, *Die Abenteuer der Diale-ktik*, 65쪽 이하.

장 크게 응집되어 있다. 즉 경제 관계의 사회적 형성이란 시각을 통해, 그리고 나중에는 마르크스를 통해 시장보다 우위에 있는 중앙계획경제라는 대안이 시장의 뒤를 이을 것이라는 생각이 이미 정립되어 있었기 때문에, 제도적 매개 혹은 재조정에 대해 다시 생각해 볼 여지가 없었다. 이렇게 고정된 역사적 단계의 연속이라는 사고 범주를 통해 야기된 이론적 자기 봉쇄 때문에 사회주의는 경제 영역에서 사회적 자유를 실현할 수 있는 가능한 방법을 실험적으로 탐색할 수 있는 기회를 수십 년 넘게 잃어버리고 말았다. 오히려 사회주의에서는 자신의 적대자인, 오늘날까지도 지배적인 국민경제학설에서처럼 경제적 번영을 산출할 수 있는 적합한 형태가 제도적으로 어떠해야 하는가 하는 점이 본래부터 확고하게 정해져 있었다. 공식적인 경제학은, 아니 교수직을 통해 전해지는 경제학이 오늘날까지도 정치적 영향으로부터 "자유로운" 시장이란 이미지를 마치 논란의 여지가 없는 교조처럼 유포시키고 있다면, 사회주의 역시 예나 지금이나 적어도 공적인 의식 수준에서는 단지 중앙에서 통제되는 계획경제가 자본주의적 시장경제를 성공적으로 대체할 수 있다는 입장으로 축소되어 있다.

내가 사회주의의 이론적 유산을 돌이켜보며 분석하려고 했던 세 가지 개념적 기본 가정들에 대해 다시 한 번 개괄해 본다면, 이 가정들의 발생이 더 정확하게 말해서 자본주의적 근대화 초기 단계의 정신적, 사회적 상황에 관행적으로 묶여 있음이 드러난다. 사회주의적 역사관과 사회관의 첫 번째 전제만 보더라도 면밀한 검토 없이 어떻게 역사적으로 일회적인 경험 상황으로부터 모든 미래 사회의 희망적 질서에 대한 결론이 도출되었는지 쉽게 밝혀낼 수 있다. 왜냐하면 이제 공동의 목표 설정을 위한 민주적 협상이 필요하지 않으며, 따라서 전체 사회통합은 서로 협력하는 생산자들의 통일된 의지에 위임될 수 있다는 생각은 아마도, 산업화 초기의 엄청난 역동성 때문에 바로 이것의 조직화하는 힘을 정치적 통제의 원천으로 보도록 미혹당한 사람들에게나 가능한 일일 수 있기 때문이다. 이런 점에서 미래의 개인적 자유 권리 보장을 포기할 수 있다는 잘못된 생각은 사회적 노동이 모든 것을 포괄하는 사회통합 역할을 한다고 본 초기 사회주의자들의 점검되지 않은 믿음이 초래한 대가이다. 이러한 점은 우리가 생시몽에서 마르크스에 이르기까지 일치된 사회 이론적 사고를 통해 부딪치게 되었던 두 번째 기본 가정도 다를 바 없다. 이들이 공유했던 신념에 따르면 자본주의 사회에는 본래부터 내적 적대자가 혁명을 예비하는 프롤레타리아란 형태로 붙여져 있으며, 사회주의 운동은 이 프롤레타리아를 통해 지속적으로 뒷받침될 수 있었다. 그러나 이러한 신념 역시, 전혀 제지됨이 없었던 초기 산업화를 배경으로 해서만 이해될 수 있다. 당시는 사회법이 제정되기 전이었으며, 선거권 역시 쟁취되기 이전이었다. 따라서 아마도 실제로 잠시나마 산업노동자 계급이 강화된 착취, 임금 하락, 그리고 지속적인 실업 위험들 때문에 서로 밀착하게 됨으로써 그 구성원들이 자본주의 극복을 위한 통일된 이해관계를 형성할 수 있는 것처럼 보였을지도 모른다. 하지만 그 이후의 모든 것들, 즉 거칠게나마 "시민화"라는 개념으로 종합될 수 있는 것들은 이렇게 시대와 결부된 예측과 객관적 이해관계 계산 방법이 거짓이었음을 입증해 주었다. 끝으로 산업혁명 과정에 대한 이와 동일한 종속성은 초기 사회주의자들의 세 번째 사회 이론적 가정, 즉 인류 역사의 법칙적 진보라는 전제에서도 나타난다. 물론 이 경우 초기 사회주의 사상가들의 사고에 반영된 것은 당시의 사회 경제적 상황이 아니라, 지적 상황이다. 왜냐하면 생시몽주의자들의 역사관뿐 아니라 루이 블랑, 혹은 칼 마르크스의 역사관도 초기 계몽주의 시기의 진보 정신으로부터 강력한 자양분을 얻었기 때문이다. 이 시기에는 과학과 기술이 주는 축복에 대한 기대가 종종 단계적으로 발전하는 인간의 생활환경이란 형태를 띠기도 했다.[90] 초기 사회주의 사상에서 역사적 유물론에 이르기까지 이러한 역사철학적 낙관주의는 반세기 이후에 효과를 발휘하게 된다. 왜냐하면 실천적으로 추구되었고 "사회주의"로 규정되었던 사회구성체가 역사적 과정에서 머지않은 장래에 거의 인과적 법칙성에 따라 당시 사회를 필연적으로 잇게 될 바로 그 단계로 이해되었기 때문이다.

이렇듯 사회주의 이념이 산업혁명의 정신과 당시의 사회에 묶여 있었다는 사실을 2차 대전 종식 이후 곧바로 사회주의가 소리도 없이 쓸모없어져 버린 이유로 본다 해도 이는 틀린 것도 아니며, 오늘날 그 자체로 아무런 정당화조차 필요로 하지 않는다. 즉 일단 사회적 상황이 기술 혁신, 사회구조 변동, 정치 개혁을 통해 근본적으로

---

90 이에 대한 예로는 Nisbet, *History of the Idea of Progress*, II부, 6장; Peter Gay, *The Enlightenment: The Science of Freedom*, New York 1996, II장.

변화하자마자. 즉 1960년대에서 1970년대 사이에 사회주의 창시자들의 관념들은 모든 근원적 유인력을 상실해 버리고 말았다. 이들의 사회 이론적 내용들은 그만큼 너무나 깊숙이 19세기에 뿌리박혀 있었기 때문이다. 따라서 이 낡은 이상을 오늘날 다시 소생시키려는 시도들은, 사회주의가 그동안 근거 없는 것이 되어버린 사회 이론적 근본 가정과 맞물려 있음을 단계적으로 극복하려는 힘든 노력을 시작해야 한다. 그래야만 사회주의를 오늘날에 맞게 발전시킬 수 있는 여지를 마련할 수 있다. 즉 사회적 자유라는 근원적 비전을 오늘날의 조건에서 성장한 사회 및 역사 이론을 통해 발전시킬 수 있을 때 아마도 사회주의는 자신이 가졌던 과거의 전파력을 일부라도 되찾을 수 있을 것이다. 그러나 여기서 주의할 것은 앞서 지적한 세 가지 가정들이 대용물 없이 간단히 삭제되어서는 안 된다는 점이다. 아마도 이 세 가지 가정들은 실천을 추동하는 미래 지향적 주의 주장의 필수적 요소이기 때문에, 이에 대한 이론적 대용물이 더 추상적이고, 산업주의 정신에서 분리된 차원에서 찾아져야 한다. 나는 다음에 이어지는 두 개의 장에서 이런 식의 필수적 변형을 위한 제안들을 개진하려고 한다. 첫 번째 단계에서 나는 자본주의적 시장경제에 대한 비판을 다루면서 사회주의의 역사 이해가 오늘날 어떠해야 하는지를 설명할 것이다. 그리고 바로 이럴 때 법칙에 대한 믿음, 혹은 자동적 역사 과정에 대한 가정을 포기함에도 불구하고 여전히 약속된 개선이 실현될 수 있다는 믿음을 불러일으킬 수 있을 것이다 (3장). 그리고 마지막 단계에서는 기능적으로 분화된 근대 사회라는 사실을 오랫동안 지체되었지만 결국 제대로 인식하게 될 때, 사회 이해와 이에 따른 사회주의 전체 프로젝트가 근본적으로 어떻게 변화해야 하는지가 서술될 것이다(4장).

이 장의 서두에서 지금까지 논의한 결과를 다시 한 번 간략하게 요약한다면, 사회주의의 혁신이라는 도전이 오늘날 전적으로 어떤 것이어야 하는지를 측량할 수 있을 것이다. 사회주의라는 이론적 운동의 핵심적 특징을 한 문장으로 요약한다면, 이는 앞서 이야기했던 것들을 볼 때 역설적인 표현일 수밖에 없다. 즉 사회주의는 프랑스 대혁명이 남긴 모순적 유산을 사회적 자유의 제도화를 통해 해결하려는 생산적이고도 폭넓은 사상을 발전시켰지만, 이를 가능하게 한 사고 형태는 거의 모든 측면에서 산업 혁명의 경험 내용에 빚지고 있다는 것이다. 이런 역설을 더 명확하게 드러내기 위해 마르크스 식의 사고에 도움을 받는다면 다음과 같이 말할 수도 있다. 즉 사회주의는 산업 혁명에 기원하는 담론구성이라는 이론적 틀 때문에 사회적 자유 이념의 규범적 생산력에 내재한 잠재력을 실제로 실현하는 데 방해를 받았다는 것이다. 근대 사회를 장차 상호 지원적 주체들의 공동체로 만들겠다는 정치적-실천적 목표로 나타난, 이 시대를 훌쩍 넘어서는 과도한 동기부여를 초기 사회주의 운동의 이론가들이 완전히 결실을 맺게 할 수 없었던 이유는, 이들이 영국의 맨체스터 식 자본주의의 노동자 계급을 개념적으로 가정하는 데 너무나 집착했기 때문이다.

　사회주의의 근본 문제 틀에 대한 이와 유사한 진단은 벌써 2차 세계대전 이후부터 동정적 비판의 관점에서 제기되었다. 여기에 속한 것으로는 우선적으로 전후 프랑스의 잡지 『사회주의냐 야만이냐』를 중심으로 모였던 한 모임의 작업들을 들 수 있다. 이 모임의 가장 중

요한 대표자로 간주될 수 있는 사람이 바로 코르넬리우스 카스토리
아디스이다.[91] 그러나 장벽 붕괴 이후 곧바로 사회주의에서 지켜낼
가치가 있는 핵심을 분리해 내려 했던 위르겐 하버마스의 시도 역시
근원적 사회주의의 이념을 시대에 맞게 소생시키려는 노력에 포함
될 수 있음은 분명하다.[92] 그러나 이러한 시도들은 사회주의를 자유
주의적 정의관에 대한 규범적 대안으로 제시함으로써 간단히 앞서
말한 문제에서 벗어나려 했던 이른바 "분석적 마르크스주의"와는
다른 것이다.[93] 코르넬리우스 카스토리아디스와 위르겐 하버마스의
사례로 대표되는 전통에서 확고하게 유지되고 있는 것은, 사회주의
가 자기 스스로를 반성하며 그 실현 조건을 보장하려고 하고, 실천
적 의도에서 다른 형태의 삶을 목표로 하는 이론이어야 한다는 점이
다. 따라서 사회주의는 단순히 개선된 사회정의관보다 훨씬 더 많은
것을 추구하며, 도덕적 당위에 대한 가장 설득력 있는 정당화보다
더 많은 것을 목표로 한다. 왜냐하면 미래와 관련된 사회운동 개념
을 사용한다는 것이 항시 의도하는 것은, 근대 사회에 이미 내재하

---

91 Castoriadis, *Sozialismus oder Barbarei*. 분명 과거 유고슬라비아의 "실천" 그룹의 수정안
들도 이런 맥락에 속한다. 이에 대한 예로는 Predrag Vranicki, *Marxismus und Sozialismus*,
Frankfurt/M. 1985; Gajo Petrović, *Wider den autoritären Marxismus*, Frankfurt/M. 1969.

92 Jürgen Habermas, "Nachholende Revolution und linker Revisionsbedarf. Was heißt So-
zialismus heute?", in: ders., *Die nachholende Revolution*, Frankfurt/M. 1990, 179-204쪽.

93 이에 대해서는 John Roemer (Hg.), *Analytical Marxism*, Cambridge 1986; Cohen, *Self-
Ownership, Freedom, and Equality*. 분석적 마르크스주의에 의해 발전된 사회주의관이 갖는
실천적-정치적 결함에 대해 아주 설득력 있게 주목한 것으로는 Joshua Cohen/Joel Rogers,
"My Utopia or Yours?", in: Erik Olin Wright (Hg.), *Equal Shares. Making Market Socialism
Work*, Londen/New York 1996, 93-109쪽.

는 세력이나 잠재력이 작동되도록 이를 발산함으로써 결국 근대 사회를 문자 그대로 "사회적"이 되도록 하는 것이기도 하기 때문이다. 오늘날 사회주의 혁신 시도가 제기하는 도전을 이렇게 포괄적인 방식으로 이해하는 사람이라면, 초기 산업주의에 뿌리박고 있는 사회주의의 유산과 관련하여 일련의 해결하기 어려운 문제들에 직면해 있음을 알고 있을 것이다. 왜냐하면 사회주의 운동의 초기 사상가들이 자신들이 제시한 요구를 이행하기 위해 도입한 역사, 혹은 사회 이론적 방식의 잘못된 근본 가정 전체를 대신할 수 있는 실질적 대체안이 더 높은 일반화 가능 수준에서 필요하기 때문이다. 사회적 자유의 확립이라는 규범적 이념뿐 아니라, 이미 이를 사회 내부에서 대변하는 운동 세력, 혹은 이러한 의도를 뒷받침하는 역사적 경향에 대한 전제를 단순히 사회주의 창시자들이 처음에 정식화했던 방식으로 넘겨받을 수는 없다. 따라서 이 세 가지 근본 가정 모두가 합해져 사회주의를 비로소 실천적으로 변혁을 지향하는 이론으로 만들었지만, 이들 각각은 오늘날의 진보된 의식에도 견딜 수 있도록 보완되어야 한다. 이런 점에서 오늘날 사회주의는 탈마르크스주의적 형태 속에서만 다시 살아날 수 있으며, 또한 바로 이를 통해 미래를 획득해야 할 것이다.

내가 두 개의 장에서 적어도 처음으로 개략적으로나마 해결하려고 하는 과제를 이런 식으로 스케치할 수 있다면, 고전적 사회주의의 역사 및 사회 이론의 개별적 요소들에 대한 더 추상적이고 우리 시대에 더 적합한 진술 형태들을 찾아야 한다. 그리고 그래야만 우리의 결집된 힘들이 개인적 자유가 아니라, 사회적 자유의 확장을 추구하도록 하는 것이 정당할 뿐 아니라 역사적으로 가능한 일이 될 것이다. 물론 나는 이에 대한 첫 번째 스케치를 더 이상 사회주의적 사회 이론의 세 가지 교각을 단계적으로 다루었던 2장의 방식으로 진행하지는 않을 것이다. 오히려 나는 더 추상적인 차원에서 이에 대한 각각의 해결책을 찾기 위해 다양한 근본 가정 사이를 지속적으로 왔다 갔다 할 것이다. 왜냐하면 하나의 영역에서의 수정안은 종종 다른 영역에서의 수정안들과 연결될 때에만 만들어질 수 있기 때문이다. 이런 점에서 언제나 그렇듯이 사회주의에 기여하는 사회 및 역사관을 새로 획득하기 위한 나의 시도에서 모든 것은 서로 연관되어 있으며, 지금까지 전해 내려오는 진부한 배경적 입장 중 어떤 전제들도 각기 다른 전제들과 무관하게는 충분히 변화될 수 없다.

그럼에도 불구하고 사회주의를 이론적으로 현재화시키는 작업을, 이제 내가 이에 앞서서 사회주의의 사회 이론적 가정들을 재구성하려고 했던 곳에서 시작하는 것도 의미 있을 것 같다. 왜냐하면 근대 사회 내부에서 장차 사회적 자유의 제도적 장소가 될 곳을 지정하는 작업은 사회주의 운동의 모든 실천적 노력에서 가장 중요한 부분이기 때문이다. 이미 보았듯이 사회주의 사상가들이 예외 없이 공유하고 있었던 신념은, 단순한 개인주의적 자유관과 이에 따른 새로운 자유주의적 질서의 정당화 체계의 분열을 일으킨 사회적 원인이 경제 체제의 행위 강제에 있다는 점이다. 왜냐하면 이것이 바로 모든 관련자들로 하여금 오직 자신의 이익만을 쫓고, 각기 자신의 상호작용 상대자들을 이에 상응하여 단순한 경쟁자로만 보게 하였기 때문이다. 물론 처음에는 엄청난 역동성을 통해 확립된 시장경제가 구체적으로 어떻게 파악되어야 하는지 아주 불분명했다. 이 점에 대해서는 이후에 마르크스가 자본주의 분석을 통해 명료하게 설명해 주지만,[94] 사람들은 이미 자유와 우애 사이의 화해 그리고 이를 통해 사회를 "사회적이 되게" 하려는 계획이 성공하려면 최우선적으로 경제적 영역에서 개인주의를 근본적으로 극복하는 것이 필요하다는 데 일치하고 있었다. 이렇게 사회주의는 장차 만들어질 연대와 변혁된 경제 체제를 동일시하고, 사회적 자유와 협력적 경제를 동일시했기 때문에 그 등장 때부터 내부로부터만이 아니라 외부로부터도 오직 경제 정치적 프로그램으로 간주될 수밖에 없었다. 즉 사회주의 운동 내부에서는 탈사회화와 개인주의화를 확장시키는 힘이 오직 새로운 자본주의 경제 질서에 뿌리박고 있다는 신념이 지배적이었기 때문에, 그 결과 경제적 영역에서 개인적 자유를 사회적 자유로 대체함으로써 사회구성원 간의 연대적 관계를 지원하기 위한 모든 필수적 전제가 형성된다는 결론이 손쉽게 도출되었다. 내 입장에 따르면 이렇게 전통적 사회주의에 결정적인 결론으로부터 이제 두 가지 상호 독립적인 수정안을 선취해 낸다면, 오늘날에도 사회주의의 염원을 다시 한 번 성과 있게 만들 수 있을 것이다. 이 수정안의 첫 번째는 경제 체제의 필수적 변혁에 대한 당시의 시각에 대한 것이며 (1), 두 번째는 미래의 연대적 사회의 자유를 오직 경제 영역 내부에서의 사회적 자유 개념을 통해 사유하려는 일반적 의도에 관한 것이

---

94 마르크스의 경제 이론의 중요성과 한계에 대해서는 Heimann, *Geschichte der Volk-swirtschaftlichen Lehrmeinungen*, VI장.

다(2). 이 장에서는 이 두 가지 필수적인 수정안 중에서 첫 번째를 다룰 것이며, 이에 이어서 4장에서는 "사회주의적"이라고 지칭될 미래 사회의 자유 제도에 관한 문제를 다룰 것이다. 그리고 이 두 가지 수정안에 대한 설명을 통해서 초기 사회주의의 경제 정치적 핵심의 수정은 동시에 이와 다른 이론적 전제들, 즉 역사 개념과 그 근저에 숨겨진 사회 모델에서의 변화 역시 필요로 한다는 점이 드러날 것이다.

최초의 사회주의자들에 대해 아마도 약간의 해석학적 호의를 갖고 말한다면, 이들은 자신들의 대안적 경제 질서 구상을 새로 등장한 시장 매체가 제공했던 구성원들 사이의 연대적이고 협동적인 관계 확장 가능성에 대한 실험적 테스트로 이해했을 수도 있다. 어찌 되었건 생산협동조합을 건설하려는 오언의 진취적 행동과 특히 프랑스에서 발전했던 계획들, 즉 중앙은행을 통해 하층민에게 유익을 주는 사업 착수 자금을 공정하게 분배하려는 본질적 목표는, 노동 대중이 자율적으로 관리하는 협동조직을 통해, 가격 조절과 권리 규정에 의해 규범적으로 둘러싸여 있는 시장의 강력한 참여자가 되도록 하는 것이었다. 즉 아주 나중에 규정된 개념을 사용한다면, 이는 주로 다양한 방식의 "시장 사회주의적" 대책을 통해 경제적 영역에서 사회적 자유의 전제를 만들려는 노력들이었다.[95]

물론 이런 노력들은 당시에 이미 자본 소유자들이 자신들의 가치 증식 욕구를 관철시키도록 했던 힘과 무자비한 역동성을 되돌아볼

---

95 이러한 논의에 대해 예로는 Wright (Hg.), *Equal Shares*.

때 상당히 순진해 보일 수 있다. 그러나 이는 용감한 시작이 갖는 매력뿐 아니라 그 태도상 "행동을 통해 배우는" 장점을 갖고 있었다. 그러나 참여자들에게 자신의 정치적-지적 활동들이 어떤 식의 경제 체제와 관련 있는가 하는 점은 아직도 완전히 분명하지는 못했다. 오히려 이들은 사회주의로 나아가는 법칙적 진보에 대한 무제한적 믿음에도 불구하고 시장의 도덕적 적재량이 얼마나 큰지를 시험해 봐야만 했다. 하지만 초기 사회주의자들이 보여준 아마도 아직도 "실험적"이라 불릴 만한 이러한 접근 방식은 마르크스의 등장과 함께 비로소 근본적으로 변한다. 왜냐하면 이 청년 망명자는 자신의 프랑스 동지들에게 벌써부터 당시의 발전 수준에서 볼 때 시장은 사회적 관계의 총체이며, 이로부터 자의적으로 도덕관에 따라 개별적 부분들을 분리해 낼 수 없음을 주장했기 때문이다. 초기 사회주의자들 중에서 월등하게 가장 천재적인 경제학자였던 마르크스가 이러한 새로운 경제구성체의 본질적 요소로 이해한 것은 수요와 공급 법칙에 따라 조절되는 교환관계만이 아니라, 한편으로 사적 자본을 통한 생산수단의 소유와 다른 한편으로 원칙적으로 볼 때 가치를 창출하는 프롤레타리아의 소유 없음이다. 마르크스의 시각에 따르면 이 세 가지 구성 부분 모두가 합쳐져 깨어질 수 없는 단일체, 즉 헤겔적 의미에서의 "총체성"을 형성하며, 그는 이를 이미 초기 저작에서 "자본주의" 개념을 통해 증명하기 시작했다. 그러나 단지 간혹 보일 뿐이지만 마르크스의 저작에서는 다음과 같은 가능성도 희미하게 나타난다. 즉 자본주의 시장은 결국에는 아마도 이미 꽉 짜 맞추어진 단일체가 아니라, 지속적 변화를 통해 이해된 변화 가능한 제도

적 구성물로서 그 개혁 가능성은 반복적 실험을 통해 비로소 테스트될 수 있다는 것이다.[96]

그러나 본질적으로 마르크스는 헤겔의 총체성 개념에 매여 있는 자신의 개념적 전략을 통해 다양한 형태의 시장을 너무나 강력하게 자본주의와 동일시했기 때문에 그의 사후에도 사회주의 운동 내부에서는 오랜 기간 동안 사회주의적 대안 경제 형태를 완전히 시장으로부터 자유로운 경제라고 생각하는 것 말고 다른 가능성은 없었다. 또한 이러한 대안 경제를 위해서는 오직 중앙 통제적 계획경제라는 모델만이 사용 가능한 것처럼 보였기 때문에, 사회주의의 초기 관점이 생산자들 사이의 수평적 관계를 유지하는 것임에도 불구하고, 모든 행위자들이 더 높은 단계의 관리조직과 수직적으로 관계하는 식으로 새로운 경제 질서의 내부 관계를 상상할 수밖에 없었다. 물론 마르크스의 자본주의 분석이 사회주의 운동에 기여한 바가 크다면, 그것은 장차 고전적 경제학과 경쟁하게 될 체계화된 경제 이론을 제공했기 때문이다. 그러나 이것이 갖는 총체화 경향은 전체적으로 사

---

96 마르크스는 대부분의 경우 "자본주의"를 막스 베버 식의 "단단한 껍질"로 이야기하지만, 그의 저작에서 나타난 아주 큰 예외는 "국제노동자연맹 개회사"이다. 여기서 그는 정당한 생산양식을 둘러싼 "중간 계급의 정치경제학"과 "노동자 계급의 정치경제학" 사이의 투쟁을 언급하고 있다. 이러한 맥락에서 마치 그는 "사회적 생산에 대한 냉정하고 신중한 통제"(!)는 (자본주의적) 시장에 대한 실험적 테스트라는 점을 고백이라도 하듯이 "협동 운동", "협동 공장", "거대한 실험" 운운하고 있다. 이에 대해서는 Karl Marx, "Inauguraladresse der Internationalen Arbeiter-Assoziation", in: ders./Friedrich Engels, *Werke (MEW)*, Bd. 16, Berlin 1968, 5-13쪽, 특히 11쪽 이하; 당시 지배적이었던 자본주의관에 대한 마르크스의 비판은 이 밖의 대부분의 경우 고유한 법칙에 따라 작동하는 체제의 하나이다. 이에 대해서는 Honneth, "Die Moral im 'Kapital'. Versuch einer Korrektur der Marxschen Ökonomiekritik".

회주의 운동에 단점이 되었다. 왜냐하면 마르크스는 자본주의가 통일적 사회 시스템을 형성하고 있고, 여기서 시장은 내재적인 가치증식 법칙에 따라 지속적으로 확장될 수밖에 없다고 생각함으로써 사회주의가 중앙계획경제를 넘어서 경제를 사회화할 수 있는 제도적 방안을 생각할 가능성을 빼앗아 버렸기 때문이다.

물론 오늘날 또다시 자본주의 시장은 마르크스가 예언했던 모든 발전 경향에 아주 정확히 상응하는 것 같은 모습을 보이고 있다. 한편으로 과거의 산업 프롤레타리아와 서비스업 프롤레타리아는 사회적으로 보호된 노동관계에서의 장기 고용에 대한 전망을 상실했고, 자본지대에 따른 금융 소득이 전례 없이 상승함으로써 소수 자산가와 대다수 대중 사이의 소득격차가 엄청나게 증가했다. 또한 그동안 점점 더 많은 공공부문이 경제적 수익성 원칙에 종속됨으로써, 모든 생활 영역이 실질적으로 자본에 종속된다는 마르크스의 예측이 점차 맞아 떨어지는 것처럼 보인다.[97] 하지만 자본주의 시장경제의 역사가 항상 그랬던 것도 아니고, 역사적 필연성 때문에 그럴 수밖에 없는 것도 아니다. 따라서 사회주의 전통을 소생시키기 위한 가장 중요한 과제는 마르크스가 선취했던 시장과 자본주의의 동일시를 다시 취소함으로써 시장의 대안적 사용방식에 대해 구상할 수 있는 여지를 확보하는 데 있다. 프랑스 대혁명의 약속이 사회적 자유의 제도화를 통해 충족되어야 한다고 본 사회주의의 시원적 직관에 대

---

97 첫 번째 경향에 대해서는 Thomas Piketty, *Das Kapital im 21. Jahrhundert*, München 2014; 두 번째 경향에 대해서는 Wolfgang Streeck, *Gekaufte Zeit. Die vertagte Krise des demokratischen Kapitalismus*, Berlin 2013, 특히 III장.

해 다시 생각해 본다면, 고용노동자들 사이의 상호 지원과 자기 보완을 위해서는 원칙상 세 가지 경제 모델이 가능하다. 첫 번째는 애덤 스미스가 상상했던 시장이다. 그는 수요와 공급 법칙을 "보이지 않은 손"의 작동원리로 해석하면서, 이를 통해 동등하고 인간적인 시민들의 경제적 이해가 상호 보완될 수 있다고 보았다.[98] 이에 이어 두 번째는 "자유로운 생산자 연맹"이라는 존경할 만한 경제 모델이다. 분명 이는 한 공동체의 노동 능력 있는 구성원들이 민주적 자기 통제를 통해 경제적 이해를 문명화된 방식에 따라 독립적으로 조직하고 관리하는 것을 말한다. 마지막으로 세 번째는 경제적 영역에서 사회적 자유를 실현하는 것으로서, 이는 시민들의 민주적 의사형성을 통해 국가 기관이 경제적 재생산 과정을 사회적 복지라는 관점에서 통제하고 감독하는 것을 말한다.[99] 사회주의의 수정을 위해서는 근본적으로 이러한 모델 중 어떠한 것도 간단히 옆으로 밀쳐 버릴 수는 없다. 반대로 이 모두는 동등한 참여기회를 통해 상호 지원적으로 활동하는 행위자들의 손에 일반적 욕구충족 수단의 분배를 맡겨야 한다는 기본적인 생각을 공유하고 있기 때문에 자본주의 시장에 대한 동급의 대안으로 간주되어야 한다. 이러한 맥락에서 당연히 망각해선 안 될 것은, 본래부터 스미스는 자신의 이익에 관심을

98 Adam Smith, *Der Wohlstand der Nationen* [영어 원판: London 1789], München 1990; 이에 대해서는 Lisa Herzog, *Inventing the Market: Smith, Hegel, and Political Thought*, Oxford 2013.

99 이 세 가지 모델의 구별에 대해서는 Erik Olin Wright, *Envisioning Real Utopias*, London 2010, 7장.

쏟는 주체들이 각기 타인의 정당한 이익에 대한 호의를 통해 만나게 되는 경제 제도를 시장으로 규정하려고 했다는 점이다.[100] 그러나 세 가지 모델 다 경제적 영역에서 사회적 자유를 실현하려는 규범적 목표를 제도적으로 실현하기 위한 동등한 후보들이다. 따라서 이들 중 어떤 것도 아무런 검토 없이 확실한 우선권을 부여받을 순 없다. 오히려 사회주의 혁신을 위해서는 이 세 가지 조정 원칙, 즉 시장, 시민사회, 민주적 법치국가 중 어떤 것이 사회적 자유를 경제적 영역에서 실현하는 데 가장 적합한 것으로 입증될 수 있는지를 실제로 수행될 실험에 맡겨야 한다. 나는 이런 경제적 궤도의 탐구를 계속해서 진행하기에 앞서서 우선 고전적 사회주의의 두 번째 교각에 대한 근본적 수정을 시도해야 할 것이다. 왜냐하면 경제 영역에서 사회적 자유의 활동 공간을 확장시키기 위해서 이를 제도적으로 실현하는 데 적합한 형태를 실험적으로 탐색해야 한다는 생각은, 분명 생시몽에서 칼 마르크스에 이르기까지 주장되었던 관념, 즉 인류 역사가 법칙적 진보라는 형태로 진행된다는 관념과 화해할 수 없기 때문이다.

2장에서 이미 잠깐 언급했듯이 존 듀이는 전통적 형태의 사회주의가 역사적 변혁 과정을 실험적으로 이해할 수 없다고 이의를 제기한 바 있다. 즉 역사적 발전 과정에서 다음 단계의 형태가 사전에 이미 확정되어 있다고 가정한다면, 따라서 자본주의적 사회구성체에

---

100 Herzog, *Inventing the Market*; Samuel Fleischacker, *On Adam Smith's 'Wealth of Nations'. A Philosophical Companion*, Princeton 2004, II부.

이어서 필연적으로 이미 앞서 규정된 사회주의적 사회구성체가 뒤따를 수밖에 없다면, 현재에 존재하는 잠재력을 탐색함으로써 원하는 변혁에 도달하는 데 어떤 대책이 적합한지를 찾아낼 필요가 없다.[101] 이런 비판은 단순한 입장의 수정이 아니라, 원칙적인 성격을 갖는다. 이것이 주목하게 만드는 것은 역사적 법칙성을 가정하는 것과 의도된 변혁의 가능성을 실험적으로 테스트하려는 지적 방법이 서로 화해할 수 없다는 점이기 때문이다. 즉 사회적 진보를 달성하게 될 단계에 대한 진술을 역사적 법칙에 대한 객관적 통찰의 결과로 보는 것과, 이를 의도된 변혁의 상황적 가능성에 대한 실천 주도적 탐색의 결과로 보는 것은 양자택일의 문제라는 것이다. 물론 이런 실험적 역사 이해에 따르면 역사적 과정은 각각의 다음 단계에서 반복적으로 새로운, 그리고 처음으로 드러나게 될 변혁 잠재력을 예비해 놓고 있기 때문에, 이 역시 구체적 상황에서 무엇이 개선으로 간주될 수 있을지에 대한 기준을 필요로 한다. 즉 어떤 특정한 사실이 "잠재력"으로 간주될 수 있기 위해서는 이것이 무엇을 위한 동기인지를 적어도 모호하게나마 미리 규정하고 있어야 한다는 것이다.

존 듀이가 이러한 작업에서 가설로 사용하고 있는 관념은 상당히 사변적이며 멀리서 보아도 헤겔을 연상하게 한다. 그러나 이 관념은 놀라울 정도로 사회적 자유라는 사회주의 초기 이념과 많은 유사성을 보이고 있기 때문에 여기서 나타날 문제를 해결하기 위한 첫 번째 힌트로 사용될 수 있을 것이다. 듀이에 따르면 사회적 문제 상황

---

101 Dewey, *Liberalism and Social Action*, 41-65쪽.

에 대한 포괄적 해결책을 탐색하는 데 규범적 실마리가 될 수 있는 것은, 지적 문제해결을 위한 사회구성원 간의 자유로운 의사소통에 장애가 되는 것을 제거해야 한다는 생각이다.[102] 듀이가 이러한 협동적이며, 사회적 자유를 통한 상황 극복에 규범적 우월성을 두게 된 것은 멀리 자연철학적인 것에까지 이르는 깊은 사고 때문이며, 따라서 사회주의를 단지 도덕적 당위의 표현이 아니라 역사적 경향의 표현으로 이해하려 한다면 이러한 사고는 사회주의의 수정이 뒷받침될 수도 있는 일종의 진화의 힘을 말하는 것이다. 듀이의 광범위한 사고의 출발점이 된 것은 "연합적", 혹은 "공동체적" 태도가 존재하는 모든 것들의 특징이라는 테제이다. 왜냐하면 발전이란 오직 처음에 고립된 "개체"들이 서로 접촉함으로써 현존하는 잠재력을 방출하고 실현하는 방식으로만 이루어지기 때문이다. 즉 개개의 현상에서 아직 드러나지 않았고, 이런 점에서 미래의 가능성을 지니고 있는 것들은 서로 소통하기 시작할 때 실현된다는 것이다. 이처럼 각각의 요소들 사이의 "상호작용"을 통해 그동안 이용되지 않았던 가능성들이 해방되고, 이를 통해 새로운 실재들이 만들어지는 모든 현실의 경향은 물리적인 것에서 유기체적인 것을 거쳐 "정신적인 것"에 이르기까지 모든 단계의 존재들에게서 발견된다. 물론 듀이에게 이러한 현실의 층위들 중에서 가장 높은 단계가 "사회적인 것"이

---

102 앞의 책; 추가적으로는 John Dewey, "Die umfassende philosophische Idee", in: ders., *Philosophie und Zivilisation*, Frankfurt/M. 2003, 79-93쪽 (영어판: "The Inclusive Philosophic Idea" [1928], in: ders., *Later Works*, Bd. 3, 41-54쪽). 다음 문헌도 참조. John Dewey, *Erfahrung und Natur*, Frankfurt/M. 1995, 5장.

다. 왜냐하면 여기서는 "특수한 인간적 집단화 방식"을 통해 잠재력 실현의 풍부함과 세밀함이 한 단계 더 높아지기 때문이다.[103] 이제 사회적이라는 진화의 단계에서는 모든 실재의 특징인 상호작용이 의미 매개적 의사소통이라는 특수한 성질을 갖게 된다. 그 결과 이미 이전에 잠재적인 것으로서 해방되었던 것들이 다시 한 번 추가적 의미를 갖추게 됨으로써 그 잠재력이 몇 배로 증가할 수 있게 된다. 듀이에 따르면 물론 이러한 가장 높은 단계의 현실에서도 이미 이전 단계에서처럼, 현존하는 잠재력이 더 많이 해방되고 더 많이 실현될 수 있기 위해서는 개별적 요소들이 더욱더 아무런 방해 없이 서로 상호작용할 수 있어야 한다. 끝으로 듀이는 이로부터 다음과 같은 사실이 추론될 수 있다고 보았다. 즉 인간 공동체라는 현실 영역 내에 잠재된 가능성들이 완전히 실현될 수 있기 위해서는 모든 구성원들이 가능한 아무런 방해도 강제도 없이 여기서 특징적인 의미 매개적 의사소통에 참여할 수 있어야 한다는 것이다.

　그러나 "사회적인 것"의 이러한 특징, 즉 가능한 사회구성원 사이의 제한 없는 소통이 실제로 사회적 현실 내에서 하나의 "세력"을 형성함으로써 이 속에서 역사적 경향을 산출하게 되는 것은 듀이의 신념에 따를 때 이와는 다른 또 하나의 독립된 상황 때문이다. 듀이는 지금까지 상호작용에서 배제된 집단들은 점차 사회적 의사소통 과정에 참여하려는 기본적 관심을 발전시켜야 한다고 본다. 왜냐하면 고립과 차단은 항상 내적 자유 상실, 자유로운 번영과 성장을 중

---

103 Dewey, "Die umfassende philosophische Idee", 81쪽.

단시킬 위험을 동반하기 때문이다. 이런 점에서 듀이의 시각에서 볼 때 포괄적인 상호작용으로부터의 배제에 대한 규칙적으로 반복되는 사회 집단들의 저항이 바로 인간의 역사에 있어서 모든 사회적인 것의 토대를 이루는 제한 없는 의사소통을 사회적 생활세계 내에서 단계적으로 실현시키게 한다.[104] 이제 여기서부터 일반적으로 문제시된 상황에 대한 적합한 해결책을 실험적으로 탐색하는 데 있어서 개선의 기준이 될 수 있는 것이 무엇인가 하는 문제로 되돌아간다면, 이에 대한 듀이의 대답은 오히려 방법적 성격을 띠게 될 것이다. 즉 듀이는 아마도 그의 진술에 비추어 볼 때, 역사적-사회적 실험이 더 좋고 안정된 해결책으로 나아가려면 그만큼 각각의 문제에 관련된 사람들이 더 넓은 규모로 이에 대한 탐색에 참여해야 한다고 주장할 것 같다. 왜냐하면 의사소통의 한계가 계속해서 사라지게 되면 현재의 난점을 생산적으로 해결하는 데 적합한 아직 사용되지 않은 잠재력 중 가능한 많은 것들을 지각할 수 있는 해당 공동체의 능력 역시 커지기 때문이다. 이런 방법적 입장을 알기 쉽게 잠깐 객관적 정신에 대한 헤겔 철학의 언어로 번역한다면, 이는 다음과 같을 것이다. 즉 사회적 영역 내에서의 진보는 곧 일어날 변혁의 그 담지자, 즉 서로 관련된 주체들을 지금까지 이들에게 강제된 종속성과 이들을 인정하지 않는 단순한 외적 규정들로부터 해방시키는지 그렇지 않는

---

104 Dewey, *Lectures in China, 1919-20*, 64-71쪽. 이런 듀이의 사고가 갖는 특수성에 대한 지적은 아르비 세르켈레와 그의 논문 덕택이다. Arbi Särkelä, "Ein Drama in drei Akten. Der Kampf um öffentliche Anerkennung nach Dewey und Hegel", in: *Deutsche Zeitschrift für Philosophie*, 61 (2013), 681-696쪽.

지에 따라서만 측정될 수 있다는 것이다. 따라서 한 사회의 제도적 질서의 변동이 이러한 의미를 충족한다면, 이는 이에 앞서서 사회적 자기구성 과정에 대한 모든 사람의 동등한 참여를 방해했던 제한들로부터의 해방을 야기할 것이며, 헤겔에 따르면 이러한 변동은 자유 실현이 확산되는 과정의 한 단계로 간주될 것이다.[105] 이런 점에서 헤겔에게도 사회적 영역에서의 "개선"은 장애물을 극복해 가는 단계라고 말할 수 있으며, 이를 통해 공동생활 규칙을 가능한 이성적으로 탐색하고 확정하기 위한 구성원들 사이의 자유로운 의사소통이 가능해진다. 지금까지 사회주의의 역사적 자기이해를 지배했던 법칙에 대한 믿음을 역사적 실험주의로 대체하려는 우리들의 문제를 위해서 이렇게 이와는 거리가 먼 것처럼 보이는 생각을 통해 처음 보기보다는 더 많은 것을 획득했다. 왜냐하면 듀이와 헤겔이 공통적으로 갖고 있던 생각, 즉 의사소통 장애와 상호작용을 방해하는 종속성으로부터의 해방이라는 상위의 관점만이 사회적 개선의 척도가 될 수 있다는 주장은 사회적 자유 이념을 실험적으로 이해된 사회주의의 역사적 토대이자 원칙으로 이해하게 하는 이론적 도구를 제공하기 때문이다.[106]

---

105 존 듀이는 "사회적인 것" 내에서 작동하는 의사소통 장애로부터의 해방적 힘이라는 자신의 개념과, 역사를 자유 의식의 진보로 보는 헤겔의 관점이 서로 유사함을 분명하게 알고 있었다. John Dewey, "Lecture on Hegel" [1897], in: John R. Shock/James A. Good, *John Dewey's Philosophy of Spirit*, New York 2010. 헤겔의 역사철학을 이와 같은 의미로 해석하기 위해 라헬 예기의 인상적인 해석 역시 참조했다. Rahel Jaeggi, *Kritik von Lebensformen*, Berlin 2013, 423쪽 이하.

106 이러한 역사적 실험주의의 논리에 대해서는 앞의 책, 10장 1절.

하지만 뭔가 옆길로 빠진 것 같은 이러한 사고를 우선 설득력 있게 만들기 위해서는 이에 앞서 다시 한 번 초기 사회주의의 역사 이해를 잠깐 돌아볼 필요가 있다. 이미 살펴보았듯이 여기서는 실천적으로 미래에 관계된 사회주의 이론을 불가피한 생산력 발전에 대한 의식이거나, 아니면 마찬가지로 법칙적으로 전진하는 계급투쟁의 현 상태 인식으로 간주했다. 그리고 이 두 경우 모두 더 높은 단계의 역사적으로 적합한 사회구성체로의 필연적 이행을 내면화한 사회적 대표자를 프롤레타리아로 이해했다. 왜냐하면 바로 이들에게 이러한 변혁에 대한 객관적 이해관계가 간단히 부과되었기 때문이다. 그러나 법칙적 진보와 혁명적 프롤레타리아에 대한 배경적 확실성이 무너졌을 뿐 아니라, 이것이 산업 혁명 시기의 과학적 허구로 밝혀지면서, 사회주의는 자신의 규범적 요구를 사회적으로 뒷받침해 준 역사적 진보 경향이라는 확실한 보장을 상실할 위험에 빠졌다. 따라서 사회주의는 과거에서 현재에 이르기까지 많은 규범적 정의 이론 중 하나로 전락할 위험이 있다. 이에 따르면 사회주의의 요구는 어떤 식으로든 이미 사람들이 원하고 있는 것이 아니라, 단지 당위적인 요청으로 이해될 뿐이다.[107] 자신을 역사적 경향의 표현으로 이

---

107 내가 제대로 보았다면, 존 롤스가 놀랄 만한 명료함과 신중함을 통해 수년에 걸쳐 점차 새로운 구상 속에서 발전시켰던 정의관의 이론적 자기이해에 대한 차이점이 바로 여기에 있다. 롤스는 오늘날 정치적 정의관의 과제가 민주주의 사회 구성원들로 하여금 이미 수용된 규범적 이상을 현실화시킴으로써 자신들이 인정한 공정 원칙들에 주목하게 하고, 이를 통해 기존의 제도들과 화해하도록 하는 데 있다고 보았다(John Rawls, *Gerechtigkeit als Fairneß. Ein Neuentwurf*, Frankfurt/M. 2003, 19~24쪽). 그러나 이에 반해 사회주의는 자신을 떠받치고 있는 역사적 경향에 대한 의식 속에서 제도적 현 상황의 변화를 요구하게 될, 아직 현존 사회질서 속에서 실현되지 않은 약속이 무엇인지를 보여주려고 한다. 따라서 이

해하는 사회주의의 몰락을 말해줄 이러한 참담한 상황에서 벗어나기 위해서는 대안적 형태의 역사적 토대를 찾을 필요가 있다. 만약 자신의 당원 중 이를 포기할 수 있다고 믿고, 또 이런 시도가 지나친 사변이라고 추측하는 사람이 있다면, 그는 사실상 우리가 사회주의적 비전 없이도 우리의 정치-도덕적 자기이해 속에서 그럭저럭 살아갈 수 있다고 고백하는 셈이다. 그러나 대안이란 점에서 볼 때, 앞서 말한 존 듀이(그리고 헤겔)의 사상은 사회주의가 더 높은 추상의 단계에서 다시 한 번 자신의 요구들을 뒷받침할 수 있는 힘을 역사적 과정에서 확보할 수 있는 최상의 방법인 것 같다. 이런 생각에 동기가 된 것은 듀이가 발전시킨 사상, 즉 의사소통과 사회적 상호작용의 한계를 없애려는 움직임이 인간의 역사를 관통하고 있다는 사상이 초기 사회주의자들이 경제적 영역에 적용할 수 있다고 믿었던 것과 상당히 유사하다는 점이다. 왜냐하면 이들이 추구했던 목표는 프랑스 대혁명의 세 가지 원칙 모두가 동등하게 실현되는 데 방해가 되는 것을 극복하기 위하여 경제적 행위 영역에서 사회적 자유의 조건을 만들어야 한다는 것이었으며, 이는 결국 이미 발생한, 그리고 규범적 의미에서 방해로 인식된, 개인의 자유와 연대의 대립을 극복하기 위한 해법을 사회적 의사소통의 한계를 지속적으로 제거하는 데서 찾는 것과 다를 바 없기 때문이다. 초기 사회주의자들 중 어느

둘 사이의 차이점은 여기에 전제된 윤리적 관점, 즉 롤스의 개인적 자율성과 사회주의의 사회적 자유의 차이에만 있는 것이 아니라, 이를 통해 강제된 실천적-정치적 관점에도 있다. 왜냐하면 이것이 롤스에서는 윤리적 화해로, 그리고 이에 반해 사회주의에서는 항구적인 현실 초월로 이해되기 때문이다.

누구도 헤겔의 영향을 받았던 프루동만큼이나 사회적 의사소통의
장애물을 제거하는 것이 역사 전체를 규정하는 원칙임을 알고, 사회
주의 운동이 바로 이를 관철시키기 위한 시도라는 것을 강하게 의식
하진 못했다. 프루동은 자신의 저작 한 곳에서 전적으로 듀이적인
의미에서, 모든 역사 발전, 즉 모든 생명 성장의 힘이 바로 점차 더
포괄적이고 따라서 한계를 극복하는 방식으로 상호성을 표현하려는
경향임을 밝히고 있다.[108]

　이러한 역사적 자기이해가 사회주의의 토대를 이루고 있다면, 더
이상 사회주의는 그동안 상당한 발전을 이루었으며 사회적으로 바
꿀 수 없는 생산력 발전 잠재력의 법칙적 결과인 사회 변혁에 대한
의식의 표현으로 간주될 수 없다. 마찬가지로 마르크스가 그랬듯이
사회주의는 계급투쟁의 발전 상태에 대한 반성 기관으로 이해될 수
도 없다. 물론 여기서 법칙적으로 이어지는 집단 간의 투쟁의 연속
은 흡사 확실한 이해관계를 통해 이해된다. 그러나 이 대신에 사회
주의는 역사적 과정 속에서 사회적 상황에 따라 변화하는 항상 새로
운 집단들이 지금까지 고려되지 않았던 자신들의 요구에 귀 기울이
게 하기 위해 의사소통 장애물을 허물어트리고 이에 상응하여 사회
적 자유의 가능 공간을 확장하려 한다는 사실의 특수한 근대적 표현
으로 간주되어야만 한다. 이러한 "투쟁"이 분명 인류 역사 전체를
관통하고 있고 지금까지도 유지된다고 말할 수 있는 것은, 사회적

---

108 Pierre-Joseph Proudhon, *Solution of the Social Problem* (재인용: Cole, *Socialist Thought*,
217쪽).

교류 확대와 정치적 연결망 증가 과정을 통해 계속해서 새롭게 구성된 집단들이 자신들의 관심이 "생산관계"라는 사회적 조직 형태 속에서 전혀 고려되고 있지 않음을 경험하고 있기 때문이다. 이 집단들이 자신들의 요구에 대한 공공의 인정을 쟁취하기 위해 행사할 수 있는 유일한 가능성은 이미 포괄적으로 수용된 규범들에 근거하여 사회적 규칙 제정에 참여할 수 있는 권리를 얻어 냄으로써 사회적 의사소통의 한계들을 극복하는 데 있다. 사회주의에 대해 회고적으로나마 이런 식으로 파악된 인정투쟁의 과정이란 입장에서 생각해 본다면, 사회주의의 등장은 프랑스 대혁명을 통해 규범적으로 확증된 근대적 사회질서 내에서 노동 대중의 정당한 요구가 경제적 영역에서의 의사소통 장애를 허물어트림으로써 충족될 수 있음을 의식하게 된 순간으로 이해해야 할 것이다. 사회주의가 탄생하던 순간 사적 자본주의적으로 조직된 시장은, 당시까지 지배적이었던 종속과 불투명한 타율을 극복해 낸 성과를 모든 계층의 국민들에게 동등하게 나누어주는 데 장애가 되는 사회 기구임이 입증되었다. 당연히 사회주의가 이런 순간에 얽매여 있다면 더 이상 존속할 순 없을 것이다. 그러나 사회주의는 사실 새로 등장한 근대적 사회질서 속에서 인류 역사를 관통하는 사회적 의사소통의 힘을 의식하게 하는 반성적 차원으로 이해되려고 하였다. 즉 근대적 조건 하에서 계속적으로 다르게 구성되는 집단들에겐 항상 새로운 장애가 등장함으로써 제도적으로 약속된 자유, 평등, 우애의 이용이 차단되었기 때문에, 사회주의는 이 때문에 발생하는 대립과 함께 동시에 자신을 변모시킴으로써 사회적 의사소통에 참여하려는 이들의 정당한 관심사를 계속해서 변호해야만 했을 것이다. 사회주의가 이미 자신의 이름에 따라 옹호하려고 했던 "사회적인 것"에 대한 요구는 근대 사회에서 연대적 협력 속에서 자유를 실현하는 데 방해가 될 수 있는 모든 사회적 장애를 제거하라는 보편적 요구를 표현한 것이다. 그리고 이 원칙이 실현되지 않는다면, 이처럼 이해된 사회주의는 자신이 존재할 정당성을 상실하게 된다. 더구나 이런 규범적 목표는 단순한 "당위"적 요청 이상이다. 왜냐하면 여기에는 모든 사회적인 것을 규정하는 구조적 원칙이 표현되어 있기 때문이다.[109] 이런 점에서 사회주의는 개인적 자유라는 구실로 단순히 사적 이익을 관철시키고, 이를 통해 연대라는 규범적 요구와의 충돌을 허용함으로써, 자신의 토대를 이루는 정당화 원칙을 일면적으로 해석하게 하는 그런 사회에서 사회적인 것에 대한 요구의 대리인이 된다.

다음 장에서는 이렇게 확장된 사회주의에 대한 이해로부터 사회적 자유라는 시원적 이념을 위한 결론을 도출할 것이지만, 이에 앞서서 우선 나는 "사회적인 것"이 역사적으로 갖는 가치를 다루는 데서 중단된 나의 논증의 실마리를 다시 한 번 이어볼 것이다. 이미 살펴보았듯이, 사회주의가 초창기에 가졌던 법칙에 대한 믿음이 붕괴한 이후 사회주의에 있어서 경제적 영역 내에서 어떤 방식으로 사회

---

109 이에 대해서는 저 유명한, 물론 여기서는 민주주의의 이념에 맞게 재단된 듀이의 진술을 참조. "이념적으로 고찰해 본다면 민주주의는 다른 통합된 삶의 원칙들에 대한 대안은 아니다. 민주주의는 유일하게 이해 가능한 이상이란 의미에서 하나의 이상이다. 즉 민주주의는 극한까지 추동된, 현존하는 것의 완전하고 완벽한 경향이자 운동이다."(John Dewey, *Die Öffentlichkeit und ihre Probleme*, Bodenheim 1996, 129쪽)

적 자유가 가장 잘 실현될 수 있을지는 애초부터 확정될 수 없었다. 오히려 이에 대한 탐색은 완전히 서로 다른 이념들을 지속적으로 탐색해 보는 실험적 과정에 맡겨져야 했으며, 이러한 이념들 모두는 경제적 가치 창출이 어떻게 사적 자본주의적 시장 형태가 아니라, 협력적 상호 지원 행위를 가능하게 하는 제도적 방식으로 조직될 수 있을지 그 가능성을 개략적으로 기술하는 특징만을 보여주었다. 물론 이를 넘어서 이러한 탐색 과정은 지금까지 이루어졌던 인식 과정에서 경제적 욕구 충족의 방식에 따라 다양한 국민경제적 행위 모델을 착안해 보고, 이에 대한 시험 절차를 거쳐 혼합된 경제 체제의 가능성을 고려해 보는 것이 유용하다는 점이 입증될 수 있음을 범주적으로 배제하지 않았다. 이렇게 다양한 조합을 실험적으로 한 차례 시도해 볼 때 항상 이를 주도했던 생각은, 경제적 영역 내에서 모든 참여자들이 상호 보완적 행위를 통해 어떤 강제나 외압의 방해 없이 자신들의 욕구를 충족할 수 있다는 의미에서 "사회적인 것"을 가능한 강하게 만드는 것이었다.

물론 이런 사회주의에서 분명히 해야 할 것은, 이런 식의 실험에 대한 지원을 바라기 위해서는 자본주의적 경제 체제가 근본적으로 변혁 가능하고, 아마 그것도 지양 가능하다는 점을 설득력 있게 보여줄 수 있어야만 한다는 점이다. 따라서 사회주의의 자명한 적대자는 마르크스 시대와 다를 바 없이 예나 지금이나 대학 강단을 통해 확산된 공인된 경제 이론이다. 왜냐하면 이 이론은 200년 전부터 자본주의 시장이 인구 증가와 이에 상응한 욕구 증가라는 조건 하에서 경제 활동을 결합하는 유일한 효율적 수단임을 정당화하려 하기 때

문이다. 이런 점에서 오늘날 사회주의의 가장 긴박한 과제 중 하나
는, 시장에 사후적으로 부과된 자본주의적 속성과의 혼합으로부터
비로소 시장 개념을 다시 정화시킴으로써 시장의 도덕적 하중 능력
을 측정하는 것이다.[110] 이미 칼 폴라니, 아미타이 에치오니, 앨버트
허시먼 같은 저자들에 의해 시작된 이러한 대담한 시도는,[111] 다양
한 시장을 여기서 교환되는 재화에 따라 구별하면서 각기 이 재화들
이 아주 불평등한 생필품에 대한 필요와 관계될 때에도 동일한 정도
로 수요와 공급에 의한 익명적 가격 형성에 적합한지를 검토하고 있
다. 이런 첫 번째 단계에서 지배적인 시장 이데올로기의 해체가 중
단되어서는 안 된다. 생산수단의 단순한 소유가 이를 통한 자본 이
윤 추구를 왜 정당화해야 하는지는 점차 확실치 않은 것으로 간주
되고 있기 때문이다. 더구나 자본 소득의 무제한적 증가는 이에 상
응한 활동을 통해 충분히 정당화될 수도 없다. 이와 관련해서는 프

---

110 사회주의의 이런 지속적 과제의 전제는 마르크스를 주도했던 것과 동일한 것으로서, 이는 자본주의 경제를 지배적인 전공학문의 이론적 개념 틀을 통해 매개된 것, 혹은 함께 생산된 것으로 보는 것을 말한다. 따라서 이제 지배적 전공학문에 대한 비판은 동시에 현실에 대한 문제제기가 될 수 있다(이에 대해서는 특히, Michael Theunissen, "Möglichkeiten des Philosophierens heute", in: ders., *Negative Theologie der Zeit*, Frankfurt/M. 1991. 13–36쪽, 특히 21쪽 이하). 물론 마르크스와 달리 나는 주도적인 경제 이론에 대한 필연적 비판에 있어서 "시장" 개념 자체가 아니라, 시장과 자본주의적 속성과의 내적 융합을 대상으로 삼아야 한다고 본다.

111 Karl Polanyi, *The Great Transformation. Politische und ökonomische Ursprünge von Gesellschaften und Wirtschaftssystemen*, Frankfurt/M. 1973; Amitai Etzioni, *The Moral Dimension. Towards a New Economy*, New York 1988; Albert O. Hirschman, *Entwicklung, Markt, Moral. Abweichende Bemerkungen*, München/Wien 1989. 이런 맥락에서 차지하는 에치오니와 허시먼의 중요성에 대해서는 Axel Honneth, *Vivisektionen eines Zeitalters. Porträts zur Ideengeschichte des 20. Jahrhunderts*, Berlin 2014, 7장, 8장.

리드리히 캄바르텔의 연구가 참조될 수 있을 것이다. 왜냐하면 그는 수년 전부터 시장의 정당성 토대가 자본지대나 투기적 소득과 양립할 수 없음을 증명하려는 개념적 작업을 시도했기 때문이다.[112] 공식적 경제 이론의 개념 더미에 대한 이런 식의 철학적 작업을 통해 배울 수 있는 점은, 자본주의적 시장을 결정적으로 정당화하기 위해 도입된 경제적 효율성 범주가 얼마나 불분명한가 하는 점이다. 즉 이에 따르면 여기서는 가능한 많은 이윤을 남기기 위한 자본의 가치 증식이라는 양적 언술 방식이 은근슬쩍 사회 전체의 복지를 약속하는 생산성에 대한 질적인 이해와 동일시되고 있다는 것이다.[113] 지배적인 경제 이론에 대한 이런 식의 해체들 모두에 공통된 것은, 시장이 그 기능상 본래부터 생산수단의 상속 가능한 사적 소유에 의존해 있으며 따라서 오직 자본주의적 형태를 통해서만 성공적으로 존재할 수 있다는 뿌리 깊게 박힌 인상을 파기하려고 한다는 점이다. 이런 식의 탈마법화가 충분히 이루어진다면, 일련의 시장의 속성들은, 현재의 시장 형태의 정당화를 통해 이득을 보는 측에서 단지 인공적으로 부과한 것임이 입증될 것이다. 예를 들어 소득 증가에 대한 전망이 실제로 더 높은 성과의 동기가 되는지가 심리학적으로 완전히 불분명함에도 과연 노동시장이 유인체계로 이해되는 것이 자명한 일일까?[114] 또한 금융시장에서의 투기 소득이 과연 실물경제

---

112 Friedrich Kambartel, *Philosophie und Politische Ökonomie*, Göttingen 1998, 11-40쪽.

113 앞의 책, 25쪽.

114 John Roemer, "Ideologie, sozialer Ethos und die Finanzkrise", in: Herzog/Honneth (Hg.), *Der Wert des Marktes*, 609-622쪽.

와 사회적 공공복지를 위해 아무런 효용도 동반하지 않는 것이 명백한 외환거래에서도 허용되어야 하는 것일까?

이러한 문제 제기는 사회주의를 위한 불가피한 명령이다. 왜냐하면 사회주의는 변화된 자기이해 때문에 이제 어떻게 해야 사회적 자유의 형성이라는 자신의 규범적 관심사를 경제 영역에서 가장 잘 실현할 수 있을지 더 이상 확신할 수 없게 되었기 때문이다. 시장이란 제도가 깰 수 없게 결합된 것이 아닌 상이한 구성 요소들로 해체된다면, 이 시장 제도가 극도로 복잡한 욕구 상황이라는 조건 하에서 협력적 형태로 경제적 행동을 결합시키는 데 얼마나 적합한지를 근본적으로 새롭게 검토해 볼 수 있을 것이다. 이런 검토의 과정에서 어떤 것도 이른바 명증성을 이유로 사유 금지의 대상이 되어서는 안 된다. 그래야 이론적으로 철저하게 상속권 혹은 생산자들 간의 책임공동체 가능성에 대한 문제 제기가 이루어질 것이다.[115] 물론 이런 사고 실험이 수정된 사회주의에 기여할 수 있기 위해서는 이것이 실제로 경제적 영역에서 사회적 자유의 확장 가능성을 탐색하기 위한 의도적 시험으로 이해될 수 있어야 한다. 또한 원칙적인 이유에서 사회주의적 경제 형태의 최종 상태에 대한 확신은 포기되어야 하지만, 이러한 포기가 너무 지나쳐, 존 듀이가 말했던 "end in view", 즉 행위 의도상의 목적이라는 윤곽마저 사라져서는 안 된다.[116] 따라서

---

115 상속권의 문제에 대해서는 Jens Beckert, *Unverdientes Vermögen. Zur Soziologie des Erbrechts*, Frankfurt/M., New York 2004; ders., "Erbschaft und Leistungsprinzip", in: ders., *Erben in der Leistungsgesellschaft*, Frankfurt/M., New York 2013, 41~64쪽; 생산자들의 책임공동체라는 생각에 대해서는 Kambartel, *Philosophie und Politische Ökonomie*, 32쪽 이하.

제도적 모델에 대한 실험적 검토를 다 마치기 위해서는 모든 제안들이 가치 있고, 도움이 되는 것으로 간주되어야 한다. 물론 이 제안들은 어떤 식으로든 다음과 같은 규범적 목표를 의무로 삼는 것이어야 할 것이다. 즉 이 제안들은 경제적 활동들을 강제, 감독, 종속으로부터 해방시켜야 하며, 그 결과 그 각각의 역할을 모든 사회구성원의 동등한 욕구 충족을 상호성을 통해 해결하는 데 자유롭게 기여하는 것으로 이해할 수 있어야 한다는 것이다. 이미 수백 년 전에도 사적 소유물인 생산수단의 "국유화", 혹은 "사회화"의 바람직성 여부와 그 실현 가능성이 격렬하게 논의되었다.[117] 이러한 목표를 추구하는 데 예나 지금이나 가장 결정적인 문제는, 지금까지 종속적으로 고용된 사람들의 단계적 해방이 사적 자본 소유의 법적 몰수, 혹은 기존의 소유 형태를 유지하면서도 사적 처분권을 의도적으로 주변화시킴으로써 가능한가 하는 점이다. 이 두 가지 대안, 즉 한편으로는 시장 사회주의적 관점, 그리고 다른 한편으로는 기본소득 보장과 민주

116 듀이가 "end in view"라는 생각을 통해 표현하려고 한 것은, 최종 목적은 고정된 것이 아니라, 그 사이에 있었던 경험에 지속적으로 새롭게 적응하기 위해 변화하는 것으로 이해되어야 한다는 점이다. "목적은 행위 의도상의 목적이며, 진보 운동의 각 단계에서 지속적으로 점차 복잡하게 작동한다. 목적은 더 이상 자신에게 부가된 제반 조건들 외부에 있는 최종점이 아니다. 목적은 현재의 경향이 지속적으로 전개되는 의미, 정확하게 말해서 어떤 방향을 보여준다는 점에서 우리가 '수단'이라고 지칭하는 것이다. 과정은 예술이고 예술의 산물이며, 어떤 단계에서 고찰되든 하나의 예술작품이다."(Dewey, *Erfahrung und Natur*, 351쪽) 사회주의가 목적과 수단에 대한 이러한 변화된 이해를 일찍 갖고 있었다면, "최종 목적"이라는 말 때문에 생긴 화를 면할 수 있었을 것이다.

117 이런 논쟁의 전선에 대한 아주 명확한 개관은 Karl Polanyi, "Die funktionelle Theorie der Gesellschaft und das Problem der sozialistischen Rechungslegung (Eine Erwiderung an Professor Mises und Dr. Felix Weil)", in: ders., *Ökonomie und Gesellschaft*, Frankfurt/M. 1979, 81-90쪽. (이 논문을 알려준 크리스토프 도이치만에게 감사한다.)

적 통제 기관의 도입을 통한 아래로부터의 시장 "사회화"에 대해서는 지금까지 사고 실험적으로 검토된 일련의 모델들이 존재한다.[118] 그러나 이 중에서 어떤 것을 택하느냐 하는 것은 단순히 이론적 숙고의 문제가 아니다. 오히려 이를 위해 필요한 것은 자유 공간과 사회적 보호를 쟁취하기 위한 지속적으로 반복되는 고된 싸움이며, 이를 통해 이미 올바른 것으로 입증된 실천들을 지키기 위한 근본 원칙, 즉 "최소 훼손" 원칙을 고려하면서 이 대안적 모델 중 어떤 모델을 통해 우리가 눈앞에 두고 있는 목표에 근접할 수 있는지가 시험될 수 있다.[119]

역사적 실험이라는 논리로부터 결과하는 것은, 무엇보다도 단지 사고의 새로운 조합과 구상들에 실천적-정치적 방향 설정을 위해 더 많은 무게를 두면 둘수록 이것들은 실물 경제적 조건 하에서 더욱더 빈번하게 시험에 맡겨질 수밖에 없다는 점이다. 따라서 수정된 사회

---

118 첫 번째 대안에 대해서는 Michael Nance, "Honneth's Democratic Sittlichkeit and Market Socialism", 미간행 초고(2014); John Roemer, *A Future for Socialism*, Cambridge/Mass. 1994; 두 번째 대안에 대해서는 Diane Elson, "Markt-Sozialismus oder Sozialisierung des Marktes", in: *Prokla*, 20 (1990), 78, 60-106쪽. 내가 이런 대안을 통해 암시하고 있는 두 가지 방식의 탈자본주의적 경제체제 사이의 차이점은 "재산 소유가 있는 민주주의" (property-owning democracy)와 "자유주의적 사회주의"에 대한 존 롤스의 구별과 어느 정도 일치한다(Rawls, *Gerechtigkeit als Fairneß*, 215-218쪽). 이에 대한 개관은 Jon Elster/Karl Ove Moene (Hg.), *Alternatives to Capitalism*, Cambridge 1989.

119 이러한 원칙에 대한 전체를 통틀어 가장 가치 있는 연구는 Michael Festl, *Gerechtigkeit als historischer Experimentalismus. Gerechtigkeitstheorie nach der pragmatischen Wende der Erkenntnistheorie*, Konstanz 2015, 407-409쪽. 안드레아 에서(Andrea Esser)가 나에게 토론을 통해 제기한 극도로 어려운 문제, 즉 과거의 사회주의 실험은 역사적으로 변화하는 맥락 조건과 관련하여 오늘날 어떻게 반증될 수 있는가 하는 문제에 대해 이 원칙은 이미 중요한 단서를 제공한다. 즉 이에 따르면 올바른 것으로 입증된 법치국가적 의사형성을 위한 실천을 훼손하는 결과를 낳았던 실험들은 실패한 것으로 간주되어야 한다는 것이다.

주의는 경제 영역의 사회화를 위해 과거에 이미 시행되었던 모든 시도들의 내부 기록보관소를 이용함으로써, 이미 이전에 있었던 각각의 조치들이 갖는 장단점 경험에 대한 일종의 "기억 받침목"을 확보해야 한다.[120] 이 문서보관소에 보관되어 있어야만 할 역사적 증거들의 스펙트럼을 보면, 이는 생산 및 소비조합과 관련하여 초기에 시행된 실험들에 대한 문서로부터, 1차 대전 이후 광범위하게 펼쳐졌던 "사회화 논쟁"과 당시 비엔나와 다른 도시들에서 착수되었던 사회주의적 주택 건설에 대한 완전한 자료, 그리고 "노동의 인간화"를 위한 노동조합의 노력에 대한 보고서에까지 이른다. 이러한 역사적 문서들이 이 보관소에 더 많이 수집될수록, 어떤 시도들이 이미 이전에 막다른 골목에 빠졌는지, 그리고 앞으로 시장의 사회적 변형을 위해 전망 있는 길을 열어줄 수 있는 것은 어떤 것인지에 대한 지식 토대가 방대해질 것이다.[121] 그러나 이것만으로 충분한 것은 아니다. 이런 식으로 수정된, 자신을 실험적으로 이해하는 사회주의는 당연히 현재에 이루어지는 대안적 경제 형태들에 대한 시험 역시 지속적으로 개관하고 있어야 한다. 게다가 아마도 좀 더 적절하게 말한다면, 사회주의는 정치적–실천적 시도들을 통해 경제적 부문에서

---

120 역사적 실험이라는 맥락에서의 "과거 사례의 백과사전"이란 과제에 대한 연구로는 Michael Festl, 앞의 책, 402~423쪽.

121 오늘날 사회주의 프로젝트가 얼마나 잘못되었는지는 이러한 문서 중 어느 하나도 오늘날 잘 편집된 형태로 제시되고 있지 않다는 사실에서 읽어낼 수 있다. 사회주의 운동의 상황이 어떤지는 출판업의 분류 목록에서도 잘 추적될 수 있다. 4-50년 전만 해도 로볼트 출판사에는 "사회주의와 아나키즘"에 대한 탄탄한 총서가 있었다. 이는 분명 과거에 대한 중요한 증거들을 간직하고 있다. 그러나 그동안 이러한 총서는 이미 오래전에 공급 가능한 출판물 목록에서 사라졌다.

사회적 자유의 확장 가능성이 시험되고 있다는 정당한 전망이 실제로 존재하는 곳이라면 그곳이 어디든 이러한 시도들을 도덕적으로 변호해야만 한다. 사실 얼핏 보기보다 사회적 현실 속에서 더 많은 경제적 실천들이 오늘날 이미 실물 조건 하에서 이러한 실험으로 간주될 수 있는 조건들을 충족하고 있다. 에릭 올린 라이트가 그의 저서 『리얼 유토피아』에서 설득력 있게 보여주었듯이,[122] 오늘날 바스크 지역의 도시인 몬드라곤의 협동조합에서부터 캐나다의 노동자연대기금에 이르기까지 수많은 경제 정치적 운동들이 실험적 사회주의 정신에 빚지고 있음을 토로하고 있다.

그뿐 아니라 이 모든 진지한 생각들이 분명하게 해준 것은, 사회주의를 단지 산업노동자 계급의 이익을 지적으로 표현한 것으로 본다든지, 아니면 언제나 혁명적 프롤레타리아의 확성기로 보려는 것은 이미 오래전부터 잘못된 것이라는 점이다. 이론과 유일한 집단 사이의 고정된 결합이라는 생각은 사회주의 운동 초기부터 객관적 이해관계라는 다 닳아빠진 개념을 산입한 결과이며, 이때부터 고용관계의 구조변화만이 아니라 노동 운동의 해체를 통해 명백히 부정된 것이다. 따라서 이러한 결합을 과거에 대한 향수 때문에 뒤늦게 애도하거나 절망적으로 이를 인위적으로 소생시키려고 노력하는 것은 이미 잘못된 일이다. 왜냐하면 불가피하게 제기되는 수정 사회주의의 사회적 담지자의 문제가 근본적으로 다르게, 즉 더 높은 추상 수준에서 대답되어야 하기 때문이다. 이런 사회주의가 역사적으로

---

122 Wright, *Envisioning Real Utopias*, 특히 7장.

확산된 해방 과정, 즉 근대 사회의 진보적 조건 하에서 속행시키려고 하는 의사소통 억제적 종속성과 장애물로부터의 해방 과정으로 이해된다면, 사회주의는 이러한 해방 요구를 각각의 역사적 순간에 가장 강력하고 명료하게 표현한 사회운동을 자신의 근본이념의 구체화로 이해해서는 안 될 것이다. 사회주의가 이런 식의 사회운동, 즉 시간적으로 일정한 지속성만을 갖는 집단 특수적 저항 조직에 고착화된다면, 타율과 배제에 대한 정당한 비판 경험의 흐름 속에서 한 작은 부분만을 대변하는 단점을 동반하게 된다. 하지만 이뿐만이 아니다. 사회주의가 자신을 이미 구체화된 이해관계의 "대변자"로 의무지우는 것은 자신을 사회운동 기관으로 이해하고 있기 때문이지만, 이러한 생각은 수많은 다른 사람들의 아직까지도 표현되지 않은 이해관계의 확성기가 되겠다는 바로 그 목표와 모순된다.[123] 각각 자기 이론에 고유한 집단적 담지자를 고대해야만 한다는 이 전체 표상이 갖는 분열상은 여기에 더해 사회운동들의 존속이 결코 가늠할 수 없는 우연적 상황에 따른 운세에 맡겨져 있음이 밝혀질 때 더욱 분명해진다. 사회운동은 경제 영역에서 타율성과 굴욕적인 종속성이 실제로 얼마나 큰지에 대해서 아무것도 폭로하지 못한 채, 역사적 시류에 따라서, 그리고 매체의 주목 여부에 따라서 등장했다가 사라지기도 한다. 새로운 서비스 프롤레타리아 같은 경우 이들은 동료들로부터 고립된 노동 상황과 모든 형태의 공적 의사형성으로부

---

123 다시 페스틀 참조. Michael Festl, *Gerechtigkeit als historischer Experimentalismus*, 387쪽 이하.

터의 배제 때문에 자신들의 관심사를 공동으로 표현할 수 있는 위치에 있지 않다. 그 결과 이들은 어떠한 사회운동 속에서도 정치적 변호자를 발견하지 못하고 있지만, 이들 역시 사회주의가 추구하는 규범적 목표의 수취인으로 간주되어야 한다.[124]

이 모든 것들은 사회주의적 이상의 사회적 담지자를 기존의 상황에서 사회적으로 구체화하는 문제를 과거와는 완전히 다른 방식으로 푸는 데 쓸모가 있을 것이다. 헤겔에게는 세계사적 인물이었고, 마르크스주의적 사회주의에서는 프롤레타리아였던, 낡은 것 속에서 새로운 것을 의식한 대변자를 오늘날 사회주의는 더 이상 개인이나 집단적 주체성이라는 구체적 차원에서 찾으려 해서는 안 된다. 왜냐하면 이는 점차 빨라지는 변화의 와중에 일시적이고 우연적인 것에 너무나 큰 중요성을 부여하는 것이기 때문이다. 아마도 이보다 더 수긍이 가는 것은, 사회적 자유의 확장이 기대되는 진보의 영양소들이 제도적 성과물, 변화된 규정, 결코 되돌릴 수 없는 심성 변화 속에 이미 표현되어 있는 곳에서 미래의 실질적인 출현을 찾아내는 일이다. 이렇게 지금까지의 종속성으로부터 공적으로 인정된 해방의 출현은 칸트가 "역사의 징표"라고 해석하려 했던 역사적 사건이며,[125] 오늘날의 사회주의는 많은 사회적 운동의 출현보다는, 오히

---

124 오늘날 서비스 프롤레타리아의 상황에 대해서는 두 가지 인상적인 연구가 있다. Friederike Bahl, *Lebensmodelle in der Dienstleistungsgesellschaft*, Hamburg 2014; Philipp Staab, *Macht und Herrschaft in der Servicewelt*, Hamburg 2014.

125 이러한 칸트의 개념이 갖는 역사철학적 가치에 대해서는 Axel Honneth, "Die Unhintergehbarkeit des Fortschritts. Kants Bestimmung des Verhältnisses von Moral und Geschichte", in: ders., *Pathologien der Vernunft. Geschichte und Gegenwart der Kritischen Theorie*,

려 이 모든 것을 자신의 희망을 실현하게 할 보증으로 수용할 수 있다. 따라서 저항하는 주체 형태들이 아니라 이미 객관적으로 실현된 개혁이, 그리고 집단적 운동이 아니라 제도적 성과물이 사회주의가 근대 사회에 등록한 규범적 요구들의 사회적 담지자로 간주되어야 할 것들이다. 그리고 사회주의는 이를 통해 만들어진 사회적 현실의 돌파구들 속에서 자신의 비전 역시 미래에 실현 가능함을 보여주는 진보 과정의 윤곽을 발견할 수 있어야 한다.

  내가 지금까지 집중적으로 서술했던 경제 영역에 대한 이러한 관점 변경이 의미하는 것은, 20세기 초창기의 사회법 제정, 서독의 공동결정 규정, 다양한 국가에서의 최저임금 규정 등을 단순히 우연적인 사건이 아니라, 노동시장을 사회화하려는 힘든 싸움에서 쟁취해 낸 첫 번째 단계로 보라는 것이다. 그리고 이런 제도적 돌파구를 미래로 연장시키는 가상적 선을 그어 본다면, 경제 영역에서 사회적 자유를 실현한다는 목표에 다가가기 위해 당장 어떤 조치가 필요한지 사회주의자들에게 인식 가능하게 될 것이다. 물론 이런 조치들이 최종 상태를 통해서든 이리로 나아가는 중간 단계를 통해서든 설계 도판에서 영원한 것으로 고정되어서는 안 된다. 오히려 계속해서 항상 새롭게 실행될 구체적 실험을 출발점으로 목적과 수단이 지속적으로 상호 수정을 이뤄냄으로써 최종 목표에 대한 어떠한 확실한 지식도 사전에 획득할 수 없어야 한다. 그러나 사회주의가 사회적 자유 개념을 통해 선취한 경제 형태가 결국 "시장 사회주의"로 규정될

Frankfurt/M. 2007, 9-27쪽.

수밖에 없는 것으로 나아간다는 사실이 바로 이 때문에 본래부터 범주적으로 배제되어서는 안 된다.

어쨌든 더 이상 사회적 집단이 아니라, 제도적 성과를 사회주의의 요구가 현실 속에서 구체화된 것으로 이해한다면, 사회주의에서 거의 모든 것이 바뀐 것이나 마찬가지이다. 이제 실험적 태도를 통해 획득된 지식의 수취인은 특정한 집단의 구성원이 아니라, 모든 시민으로 이해되어야만 한다. 물론 이들이 자신의 개인적 자유가 삶의 모든 핵심적 영역에서 오직 다른 모든 사람들과의 연대적 상호작용을 통해 실현된다고 믿는 한 말이다. 이제 사회주의의 실현을 보장하는 것은 이를 추구하는 사회운동이 아니며, 오히려 기존의 상황 속에서 사회주의적 방향을 가리키는 제도적 개혁을 야기하고 있는 사회주의의 규범적 능력과 힘이어야 한다. 이렇게 사회주의가 오늘날 이미 자신의 목표의 조각들이 드러나는 법적 개혁이나 정신적 변화를 더 많이 되돌아보면 볼수록 더욱더 자신의 비전이 갖는 영향력을 미래에도 확신하게 될 것이다.

물론 이렇게 근본적으로 변화된 사회주의에 대해 내가 그린 그림은 사회주의의 새로운 목표와 시원적 사회주의 개념 사이의 분열을 인식하게 하는 틈새를 여전히 내포하고 있다. 이렇게 여전히 존재하는 분열은 과거의 사회주의가 장차 미래에는 시민들이 존재할 수 없다는 이유 때문에 오직 노동자 계급만을 사회주의 비전의 수취인으로 간주했다는 점을 분명히 한다면 쉽게 인식할 수 있을 것이다. 새로운 사회 체제에서는 모든 자유가 오직 경제적 협력이라는 형태를 통해서만 실현될 수 있으며, 그 결과 사회구성원들이 생산자가 아니라, 바로 "시민"으로 활동하게 될 여타의 영역이란 결코 존재해선 안 되기 때문이다. 따라서 사회주의가 모든 시민에게 의지해야 하는 것처럼 말한다면, 이는 사회주의의 시원적 전제와 간단히 화해할 수 있는 것이 아니다. 이는 민주적 의사결정과 긍정적으로 연관된 것으로서 고전적 사회주의의 입장에 따르면 이것 자체는 미래에 더 이상 존재할 수 없는 것이다. 이러한 잘못된 분열이 극복되려면 사회적 자유 이념이 사후에라도 경제적 영역과의 배타적 결합으로부터 벗어나야 한다. 이런 점에서 사회주의를 낡은 사고틀에서 해방시킴으로써 이에 대해 새로운 영향력을 부여하려는 나의 시도는 두 번째 단계로 나아갈 필요가 있다.

4장 · 혁신의 길 Ⅱ

민주적 생활양식으로서의 사회주의

아직도 이론적 수수께끼가 남는다. 초기 사회주의자들은 새롭게 획득한 사회적 자유라는 개념을 왜 다른 사회적 영역에도 적용하려는 노력을 전혀 하지 않았을까? 2장에서는 이런 의아스런 태만의 원인이 다음과 같은 상황에 있다고 보았다. 즉 초기 사회주의 운동이 태동할 당시의 저자들은 "사적 이기주의"라고 명명된 현상의 원인을 단지 자본주의적 시장 사회의 행위 법칙 속에서만 찾으려 했고, 이 때문에 자신들의 모든 정치적 노력을 오직 이런 현상의 극복으로만 향하도록 했다는 것이다. 또한 프랑스 대혁명을 통해 생명을 얻은 시민의 권리와 인권이 갖는 해방적 가치를 예감조차 못했기 때문에, 이는 단지 사적 재산 형성에 대한 허가로만 간주되었고, 이 때문에 미래의 사회주의 사회에서는 이러한 권리가 전적으로 포기될 수 있는 것으로 생각했다. 이때부터 사회주의는 스스로 자신의 고유한 개념적 수단을 통해서는 정치적 민주주의 이념에 대한 생산적 접근법을 찾아낼 수 없는 무능력이란 병을 앓게 되었다. 물론 지속적으로 경제 민주주의, 노동자 평의회, 그리고 이와 유사한 집단적 자기관리 제도들을 위한 계획들이 존재했지만, 이런 것들은 이미 경제적 영역으로만 국한된 것이었다. 왜냐하면 미래에는 인민들 사이의 윤리적-정치적 의사형성, 따라서 민주적 자율 법 제정이 더 이상 필요하지 않을 것이라고 가정되었기 때문이다. 물론 "민주적"이라는 형용사를 나중에 다소 성급하게 추가했다 하더라도, 초기 사회주의의 결함인 일종의 경제 근본주의를 실제로 변화시킬 수는 없었을 것이다. 왜냐하면 여기서는 사회적 자유를 통한 경제적 협력과 민주적 의사형성이 서로 어떤 관계에 있어야 하는지가 전혀 설명되지 않았기 때문이다. 오히려 민주주의 개념은 자유주의적 측면에서 규정되었으며, 그 밖의 모든 것들은 과거의 모습 그대로 남겨졌다. 그 결과 아무런 사상적 통일성도 갖지 않은 자웅동체적 형상이 등장할 수밖에 없었다.[126] 이런 점에서 당시 사람들이 사회주의 운동의 민주주의적 결함을 알아채기 시작했을 때, 사회주의 창립 세대들의 저작을 다시 한 번 그 숙명적 오해가 등장하는 곳까지 철저히 탐구했다면 상황은 훨씬 더 나아졌을지도 모른다. 만약 그랬다면 당장에 사람들은, 이러한 결함이 사회적 자유라는 새로운 향도적 사상을 그동안 명백해진 기능적 사회분화라는 현실에 알맞도록 이를 세분화하여 점차 자립화된 사회 영역들에 적용하지 못한 무능함과 관계가 있음을 알게 되었을지도 모른다.

따라서 이러한 잘못을 사후적이라도 교정하기 위해서는 다시 한 번 사회적 자유 이념이 이론적으로 탄생했던 시기로 관심을 되돌릴 필요가 있다. 사회적 자유 개념은 핵심적으로 초기 사회주의자들과 청년 마르크스에 의해 규정되었으며, 이들의 의도는 새로운 자유주의적 자본주의 사회질서의 정당화 원칙이 실현되는 과정에 깔려 있는 심각한 모순을 이를 통해 제거하는 데 있었다. 즉 시장을 통한 경제 교류 속에는 고삐 풀린 개인주의적 자유관이 확립되어 있으며,

---

126 이를 뒤집어 본다면, "민주적 사회주의"로의 전환이 수행되지 않은 곳에서는 "민주주의"와 "사회주의"가 개념적으로 아주 불분명하게 대립하고 있음을 의미한다. 이에 대한 사례로는 Arthur Rosenberg, *Demokratie und Sozialismus. Zur politischen Geschichte der letzten 150 Jahre*, Frankfurt/M. 1962.

이는 생산수단을 소유하지 않은 계층을 빈곤에 빠지게 하지만, 동시에 모든 사회구성원들에게는 "자유"와 함께 "우애"와 "평등" 역시 보장되어야 함을 의미했다. 이런 모순된 상황으로부터 사회적 자유 이념이 도입될 수밖에 없었던 것은, 이것이 한 개인의 자유 실현이 직접적으로 타인의 자유 실현을 전제하는 행위 구조나 도식인 것처럼 보였기 때문이다. 즉 이에 상응하는 제도적 대책을 통해 개별적 사회구성원들의 개인적 행위 목표가 상호 동의와 지원을 통해 자유롭게 실현될 수 있게 된다면, 우애는 자유의 수행 방식이 될 것이며, 따라서 이 둘은 공동체 내에서 동일한 것이 된다는 것이다. 루이 블랑에서부터 프루동을 거쳐 마르크스에 이르기까지 모든 초기 사회주의자들이 이로부터 도출한 결론은, 기존의 모순과 이로 인한 불평등이 극복되기 위해서는 각 개인들이 자신들의 행동 방식을 통해 자유롭게 서로를 보완하는 공동체 모형에 따라 사회가 형성되어야 한다는 점이다. 즉 자유와 우애 간의 대립이 사라지면 가난한 사람과 부자 사이의 대립도 사라진다는 것이다. 왜냐하면 모든 사회구성원은 이제 타인을 자신의 개인적 자유 때문에 일정 정도 연대적 지원을 빚진 상호작용 동반자로 간주해야 하기 때문이다.

그러나 바로 이 지점에 내가 앞에서 초기 사회주의 이론 형성의 수수께끼라고 규정했던 것이 끼워져 있다. 즉 사회적 자유라는 비옥한 모델은 개인적 자유와 연대를 상호연관적인 것, 더 이상 서로 모순되지 않는 원칙으로 이해할 수 있게 하는 열쇠로 입증되었지만, 오직 경제적 행위 영역과 관련해서만 발전됨으로써 이제 막 등장했던 다른 사회적 행위 영역에도 적용되어야 하는지를 고려하지 못했던 것이다. 물론 이런 기회 상실의 본질적 이유는, 제한 없는 개인주의의 전체 해악이 시장이라는 새로운 경제 형태 속에서 개개인이 권리상 고립된 데 기인한다고 믿었다는 데 있다. 그러나 이 점을 차치한다면 이와 마찬가지로 중요한 두 번째 이유는 산업주의 정신에 공통적으로 매여 있었다는 점으로 보인다. 사회주의의 창시자들 모두는 더군다나 자신들의 목전에서 진행되는 개별적 사회 영역의 기능적 분화 과정을 고려할 수도 없었고, 고려하려고도 하지 않았다. 왜냐하면 이들은 공통적으로 미래에도 모든 사회구성원의 통합은 오직 산업 생산의 필요를 통해서만 정해질 것이라고 믿었기 때문이다. 그러나 이미 이들의 자유주의적 선구자들과 그 적대자들은 늦어도 18세기 때부터 다양한 사회 영역이 사고와 행위를 통해 구별됨으로써 이루어진 사회정치적 결과를 탐구하기 시작했으며, 여기서 이 영역들은 점차 각기 자신의 고유한 기능 법칙만을 따르는 것으로 취급되었다.[127] 자유주의에서는 이미 홉스에게서, 그러나 더 명료하게는 로크와 흄에게서 논의되었던 것이, "도덕성"과 "합법성"의 구별과 함께 "사회"와 "국가"라는 두 가지 하위 체계 역시 구별되어야 한다는 점이었으며, 이 두 체계들은 각기 고유한, 즉 전자는 사적이고 인격적인, 후자는 공적이고 중립적인 법칙성에 종속된 것처럼 보였다. 이와는 반대로 그리고 이러한 첫 번째 구별과 대립하면서 마찬가지

---

127 이에 대한 명확한 개관으로는 Niklas Luhmann, *Die Gesellschaft der Gesellschaft*, Frankfurt/M. 1997, 4장 VII절(707-743쪽). 또한 매우 훌륭한 문제 개괄로는 Hartmann Tyrell, "Anfragen an die Theorie der gesellschaftlichen Differenzierung", in: *Zeitschrift für Soziologie*, 7/2 (1978), 175-193쪽.

로 순전히 사적인 영역을 공적-일반적 영역으로부터 분리해 냄으로써 점차 명백해지고 있던 경향, 즉 순전히 정서적 애착에 기초한 부부 혹은 친구 관계의 형성 경향을 제대로 파악하려 하였다. 그리고 마지막으로는, 아직 어린애 단계에 있었던 정치경제학이 경제와 국가 행위의 분리를 한 단계 더 힘차게 진전시킴으로써 무엇보다도 장차 시장을 통한 교환 행위를 정치적 개입으로부터 해방시키는 데 기여하게 되었다.[128] 이 모든 자유주의적 분리에 반발하면서 그리고 이를 체계적으로 가공하면서 헤겔은 또한 자신의 법철학에서, 이러한 다양한 행위 영역을 각각의 특수한 과제라는 점에서 어떻게 구별할 수 있는지를 제안했다. 이에 따르면 권리는 포괄적인 수단으로서 모든 사회구성원의 사적 자율을 보장하는 기능을 담당하며, 가족은 사회화와 자연적 욕구의 충족을 돌보고, 시장 사회는 충분한 생계 수단 확보를 보장한다. 그리고 마지막으로 국가는 사회 전체의 윤리적-정치적 통합을 수행한다.[129] 물론 초기 사회주의에서는 이런 분리와 경계설정은 부질없는 일이라는 입장이 널리 확산되어 있었다. 왜냐하면 이는 자본주의 경제의 적나라한 우위를 부정하는 것이기 때문이다. 그럼에도 불구하고 초기 사회주의자들은 적어도 기능적 분화라는 가정이 의미하는 이론적 도전과 논쟁해 봐야 했을 것이다. 하지만 그 대신 이들은 자유주의와 후기 자유주의적 사고에 대해서

---

128 초기 자유주의의 이 모든 분리 제안에 대해서는 Stephen Holmes, "Differenzierung und Arbeitsteilung im Denken des Liberalismus", in: Niklas Luhmann (Hg.), *Soziale Differenzierung*, Opladen 1985, 9–41쪽.

129 G. W. F. Hegel, *Grundlinien der Philosophie des Rechts* [1820/21], Frankfurt/M. 2004.

는 단지 단순한 몰이해만을 입증하거나, 아니면 마르크스가 그의 유명한 헤겔 국법론 비판에서 수행했듯이 짧은 검토만으로 이를 쓸어내 버렸다.[130]

초기 사회주의자들의 태만함은, 더 정확히 말해서, 증가하는 기능적 분화에 대해 이미 존재하는 진단들이 갖는 경험적 차원과 규범적 차원을 충분히 구별하지 않았다는 데 있다. 물론 당시의 상황을 보면 국가의 행위나 사적 관계들이 갖는 사회 체제상의 자립성이 그렇게 크지 않았다고 이의를 제기하는 것이 정당할지도 모른다. 왜냐하면 이 두 영역은 아직도 상당한 정도로 경제적 지상명령에 의해 규정되고 있었기 때문이다. 그러나 동시에 미래를 볼 때 이러한 다양한 영역이 기능적 독자성을 갖는 것이 바람직하다는 점을 강조할 수도 있었을 것이다.[131] 그러나 바로 이 두 차원들 사이의 경계가 설정되지 않았다는 점 때문에 사람들은 부지불식간에 경험적 진술들로부터 규범적 확증으로 미끄러져 들어가고 말았다. 전근대적 사회 이론에서는 사회가 항상 통제 중심을 통해 수직적으로 작동된다고 생각했듯이(이는 생시몽에게서 분명하게 나타나고, 마르크스에게서도 적지 않게 명백한 것이다), 이제는 단지 그 자리를 더 이상 국가가 아니라 경제가 차지하고 있을 뿐이다. 아마도 좀 더 신중하고, 사회 이론적으로 좀

130 Karl Marx, "Zur Kritik der Hegelschen Rechtsphilosophie. Kritik des Hegelschen Staatsrechts (∫∫261–313)", in: ders./Engels, *Werke (MEW)*, Bd. 1, 201–336쪽.

131 니클라스 루만의 이론적 단초에 대한 이런 식의 관점에 대해서는 Uwe Schimank/ Ute Volkmann, "Ökonomisierung der Gesellschaft", in: Andrea Maurer (Hg.), *Handbuch der Wirtschaftssoziologie*, Wiesbaden 2008, 382–393쪽.

더 통찰력이 있게 당시의 자본주의적 상황을 비판하려 했다면, 서로 분리해 나가려는 사회 영역들에 자유주의 대변자들이 부여했던 사회적 자율성을 위한 공간을 허용하지 않는 것에 대해 반대해야 했을 것이다. 물론 이런 식의 관점을 따랐다면 사람들은 기능적 분화 경향을 인정하고, 예를 들어 사랑과 민주주의 정치를 경제적 체제 명령으로부터 벗어나게 할 필요가 있다는 테제를 옹호했겠지만, 당시의 경제적 조건 하에서 실제로 이런 영역 분리가 이루어질 가능성과 관련하여 이들은 극도로 회의적이었다. 그러나 이런 길(즉 사회 분화를 사회적 사실이 아니라 과제로 보는 것)을 택하지 못한 무능력 때문에 사회주의는 자유주의 전통에 비해 시작부터 곤란한 상태에 빠지고 말았다. 자유주의 전통이, 아마도 애덤 스미스와 막스 베버를 제외한다면, 비록 독자적인 사회 이론을 갖고 있지는 않았지만, 오랜 기간 동안 사회학적 설명에 있어서 사회주의적 적대자들에 대해 우위에 서 있는 것처럼 보일 수 있었던 것은, 오직 사회주의자들이 기능적 분화 상황에 대해 아무런 관심도 기울이지 않았다는 점 때문이다.

초기 사회주의자들의 이러한 심층적 차원의 무능력은 이제 왜 이들에게 "오른쪽 실명"(우파에 대한 무지—옮긴이)이 나타날 수 있었는지를 설명하는 데도 도움이 될 것이다. 즉 초기 사회주의자들은 사회적 영역 분리를 부정한 결과 이제 막 등장한 보편적 시민 권리에 대한 단편적 지식만을 가질 수밖에 없었으며, 여기서 이 권리는 경제라는 통제 중심에 대해 기능적 의미만을 가질 뿐이었다. 바로 이런 이유 때문에 초기 사회주의자들은 보편적 시민 권리가 그 의미상 정치적 의사형성이라는 완전히 다른 영역에서 어떤 해방적 역할을 행사할 수 있음을 완전히 간과할 수밖에 없었다.[132] 이 때문에 초기 사회주의자들은 자유주의적 기본권의 제도화를 통해 의사소통 장애로부터 벗어날 수 있는 가능성을 처음부터 닫아 놓았다. 아마도 여기서는 루소가 이러한 새로운 권리를 집단적 의사형성 과정과 연결시킨 것을 명료화하기 위해 사회적 자유라는 자기 완결적 개념을 사용하는 것보다 더 합당한 일은 없었을 것이다. 왜냐하면 사회계약론으로 소급되는 혁명의 창립문서가 말해주듯 이제 원칙적으로 모든 관련자들이 동의할 수 있는 이런 보편적 권리가 정당성과 이에 따른 개인적 후속 태세를 요구한다면, 이는 명백하게 개개인들 모두가 혼자가 아니라, 공동으로 서로의 신념을 보완하면서 수행해야만 하는 협의와 검토 과정을 가리키는 것일 수밖에 없기 때문이다.[133] 만약 당시 천명되었던 기본권을 이러한 공론적 자율 법 제정 절차의 전제로 해석하는 것이 초기 사회주의자들에게 손쉬운 일이었다면, 이런 새로운 형태의 정치적 행위를 위해 자신들의 사회적 자유 개념을 결실 있게 만들 수 있었을 것이다. 왜냐하면 이렇게 했다면 이미 확립된 개인적 자유 권리를 다음과 같은 조건을 만들기 위한 첫 번째 단계로 이해할 수 있었을 테니까 말이다. 물론 이 조건이란 원칙적으로 모든 개인에게 토론과 투표라는 집단적 활동에 자유롭게 참여할 수 있게 하는 조건을 말하며, 분명 이는 타인을 통한 상호적 자기 보

---

132 Jürgen Habermas, *Faktizität und Geltung. Beiträge zur Diskurstheorie des Rechts und des demokratischen Rechtsstaats*, Frankfurt/M. 1992, III장.

133 앞의 책, IV장.

완 모형을 보여주는 것으로서 협력적 경제 활동을 통한 공동의 욕구 충족과 동일한 것이다. 이런 식으로 사회적 자유 이념을 확장한다면 일종의 의사소통적 행위인 민주적 의사형성이 쉽게 이해될 수 있는 것이 된다. 왜냐하면 이러한 의사소통 행위를 자유롭게 수행하기 위해서는 모든 참여자들이 적어도 기본권을 통해 자신에게 허락된 의견 및 신조의 자유권을 사용하는 것이 요구되기 때문이다. 그러나 이렇게 자유주의적 기본권을 자신들의 사고 속에 끼워 넣는 일은 일어날 수 없었다. 왜냐하면 이들의 사고에서는 민주적 의사형성이란 의미에서의 정치적 행위에 아무런 독립적인 역할도 귀속되어 있지 않았기 때문이다. 오히려 대부분의 사회주의자들의 신념에 따르면 공론적 법 제정에 필요한 모든 것은 자신들의 노동 활동을 협력적으로 통제하는 생산자들을 통해 부수적으로 해결될 수 있을 뿐이었다.

기본권이 갖는 민주주의적 의미에 대한 이러한 놀랄 만한 무지는 끝으로 사회주의자들이 오랜 기간에 걸쳐 왜 자유주의적 공화주의 급진파와의 체계적 연합을 수용할 수 없었는지 역시 설명해 준다.[134]

---

[134] 이와 연관된 문제들에 대해서는 Wolfgang Mager, "Republik", in: *Geschichtliche Grundbegriffe. Historisches Lexikon zur politisch-sozialen Sprache in Deutschland*, Bd. 5, 549-651쪽, 특히 이 중에서는 639-648쪽. 공화주의와의 관계에 대한 독일 노동자 운동 내의 토론을 다루고 있는 이 글에서 알 수 있는 것은, 마르크스뿐 아니라 엥겔스 역시 종종 민주주의적 공화주의의 목표에 대한 순전히 전략적 동의를 옹호했다는 점이다. Karl Marx, "Randglossen zum Programm der deutschen Arbeiterpartei" [1875], in: ders./Friedrich Engels, *Werke (MEW)*, Bd. 19, Berlin 1962, 15-32쪽; Friedrich Engels, "Zur Kritik des sozialdemokratischen Programmentwurfs" [1891], in: Karl Marx/ders., *Werke (MEW)*, Bd. 22, Berlin 1963, 225-240쪽, 특히 235쪽. 이뿐만 아니라 급진 공화주의에 대한 사회주의자들의 문제적인 관계에 대해서는 로버트 우스노우 역시 다루고 있다. Robert Wuthnow, *Communities of Discourse*, 367쪽 이하.

분명 이러한 움직임 역시 당장 충족되지 않은 프랑스 대혁명의 약속을 그 주도 원칙의 변형을 통해 실현하려는 시도 때문에 등장했으며, 여기서 이런 재해석의 단초가 된 것은 경제적 영역의 결함이 아니라, 오히려 새로운 국가 형태의 정치적 질서가 안고 있던 결함이었다. 즉 급진 공화주의에 있어서 이러한 질서에서 나타난 결정적 잘못은 정치적 법 제정에서 인민의 의지를 충분하게 고려하지 못한다는 데 있었으며, 이런 점에서 혁명 이후 개혁 노력의 최고 목표는 평등의 이름으로 집단적 의사형성을 통한 법 제정 절차에 모든 국민이 동등하게 참여할 수 있도록 싸우는 것일 수밖에 없었다. 이러한 요구에서 어렵지 않게 알 수 있는 것은, 인민주권 원칙에 민주주의적 협의 절차에 필요한 특징을 부여하기 위해 이미 제도화된 자유를 평등주의적 상호성과 자유로운 공동 작업이란 의미로 이해하라는 외침이 다른 곳에서 다른 무게를 갖고 마찬가지로 공공연하게 되었다는 점이다. 그리고 율리우스 프뢰벨같이 명백한 공화주의자나, 또는 조금 후에는 레옹 강베타 같은 프랑스 근본 민주주의자가 이러한 표현 자체를 사용한 것은 아니지만, 이들의 저작에서는 사회적 자유 이념을 민주주의적 의사형성 영역에서 풍부하게 만들어 보려는 노력을 이미 명백하게 인식할 수 있다.[135]

근대 사회의 기능적 분화를 규범적 사실로 받아들이지 않았던 초

---

135 율리우스 프뢰벨에 대해서는 Jürgen Habermas, "Volkssouveränität als Verfahren", in: ders., *Faktizität und Geltung*, 600-631쪽. 여기서는 특히 613쪽 이하: 레옹 강베타에 대해서는 Daniel Mollenhauer, *Auf der Suche nach der 'wahren Republik'. Die französischen 'radicaux' in der frühen Dritten Republik (1870-1890)*, 특히 3, 4, 5장.

기 사회주의자들의 무능함은 아주 다른 영역에서도 적지 않은 단점으로 작용한다. 즉 정치적 행위 영역과 마찬가지로 부부와 가족의 사회적 분야인 사적 영역 역시, 비록 우선적으로 경제적 행위 조직의 변형이라는 의도를 통해 형성되었다 하더라도 사회적 자유 이념의 적용 영역이라 할 수 있다. 거의 모든 초기 사회주의자들은 개혁도 확장도 아니라 그 자체를 다 포기하려 했던 시민의 권리에서와는 달리 전통적 가족관계와 관련해서는 거대한 해방 욕구를 보았다. 왜냐하면 여기서는 여성이 남성 밑에 있고, 남성에게 종속된 구성원으로 취급되었기 때문이다. 물론 수치스런 예외적 인물로는 프루동이 있다. 그는 그의 생애 동안 가부장적 가족을 높이 평가했으며, 여성에게는 육아와 가사노동 이외에 아무런 역할도 부여하려 하지 않았다.[136] 그러나 이미 생시몽주의자들은 부부와 가족 내에서 차지하는 남성의 전통적 우위를 극복하기 위한 제도적 해법을 찾으려 했다.[137] 그리고 반세기 후에 프리드리히 엥겔스는 "가족의 기원"에 대한 자신의 유명한 연구를 발표하면서 인격적 관계에서 나타나는 남성 권력의 근원을 사적 소유에 대한 처분권으로 보았다.[138] 그러나 19세

[136] 이에 대해서는 프루동 사후에 출간된 논쟁서 참조. Pierre-Joseph Proudhon, *La Pornocratie, ou Les Femmes dans les temps modernes*, Paris 1875.

[137] 생시몽이 여성해방이란 목표를 설정하게 된 맥락에서 차지하는 바르텔르미 프로스페르 앙팡탱의 역할에 대해서는 Salomon-Delatours, "Einführung", in: ders. (Hg.), *Die Lehre Saint-Simons*, 9-31쪽, 특히 20쪽 이하.

[138] Friedrich Engels, "Der Ursprung der Familie, des Privateigentums und des Staats", in: Karl Marx/ders., *Werke (MEW)*, Bd. 21, Berlin 1962, 25-173쪽. 엥겔스의 저작에 대한 비판은 특히 여기에 함축된 "경제 일원론"에 대한 것으로 이에 대해서는 Simone de Beauvoir, *Das andere Geschlecht. Sitte und Sexus der Frau*, Reinbek bei Hamburg 1968, 62-68쪽.

기에 여성운동을 편들던 사회주의적 저자들 중 그 누구도 인격적 관계 내에서 강제가 사라지고 동등한 권리가 보장될 수 있는 조건이 생산관계 변혁 구상과 동종 모델을 통해 규정된다고 생각하지는 않았다. 사회적 자유라는 개념 전체는 분명 무엇보다도 사랑이라는 가시적 모델에서 얻어졌으며, 이로부터 사회적 노동관계로 이전된 것이지만, 당시에 막 등장한 여성운동의 관심사가 주목받고 있었던 곳에서는 정작 사회적 자유 개념을 이제는 반대로 다시 부부관계와 가족 내에서의 해방 기획을 위해 풍부하게 만들어 보려는 어떠한 노력도 시도되지 않았다. 그러나 여기서도 이러한 시도가 올바른 길이었을 것이다. 왜냐하면 사랑과 애정에 토대를 둔 모든 관계들은 근대의 시작부터 관련자들이 각자의 자기실현을 공동으로 가능하게 하기 위하여 서로를 보완하고, 따라서 한 사람이 다른 사람을 위한 자유의 조건이 되는 규범적 이념에 기초한 관계로 이해되었기 때문이다.[139] 만약 사회적 자유 이념을 이제 정서적 사회관계라는 특수한 경우에 적용했다면, 큰 노력 없이도 이를 부부관계와 가족의 조건들에 대한 규범적 제도 틀로도 수용할 수 있었을 것이다. 물론 이러한 틀은 그 구성원들이 각자의 인생 계획을 통해 자유롭게 서로를 보완할 수 있게 하는 것이다. 초기 사회주의자들은 이러한 길을 가지 않았고, 따라서 사회적 자유라는 자신들의 초기 비전으로부터 미래를 보여주는 더 많은 통찰들을 획득할 수 있는 기회를 사용하지 못했다는 점은, 근대 사회의 기능적 분화의 첫 번째 단초에서도 또다시 이

---

139 이에 대해서는 Axel Honneth, *Das Recht der Freiheit*, C.III.1장.

를 인지하지 못한 무능력으로 소급되어야 한다. 항상 이들은 미래의 가족관계 형태에 대해 이야기하려 하는 곳에서도 다시금 생산관계에서 출발하고 있고, 따라서 가족을 특수한 형태의 사회적 자유가 실현될 독자적 영역으로 보는 대신에 노동관계 속에서 가족이 차지하는 역할에만 주목했다.[140]

그러므로 여기서 나타난 잘못은 분명 이미 자유주의적 자유권과 생산적으로 결합하지 못한 무능력을 낳는 원인이 되었다. 즉 사람들은 사적 관계의 규범적 독자성을 인식하지 못했고, 그 대신 여기서 단지 경제 과정에 대한 기능적 보완만을 봄으로써 전체적으로 경제적 일원론에 기여할 수 있을 것으로 믿었다. 그리고 이 때문에, 사랑, 부부, 가족이라는 행위 영역의 개선을 위해 독자적인 자유의 의미론을 발전시킬 수 있는 아무런 동기도 발견하지 못했다. 그 대신 사회주의 측에서 당시에 등장한 여성운동과 연대할 수 있게 한 모든 것은 아마도 또다시 경제 정치적 범주를 통해서만 규정되었을 것이며, 그 결과 여성을 장차 형성될 연합적 생산관계에 참여시킴으로써 가부장제의 속박으로부터 해방시키려 하였다.[141] 따라서 십 수 년이 지난 후에는 모든 상호적 접근 시도에도 불구하고 사회주의적 노동

---

140 19세기 후반부 노동자 운동과 여성 운동 간의 불행한 관계에 대해서는 Ute Gerhard, *Frauenbewegung und Feminismus. Eine Geschichte seit 1789*, München 2009, 57–59쪽. 추가적으로는 Mechthild Merfeld, *Die Emanzipation der Frau in der sozialistischen Theorie und Praxis*, Reinbek bei Hamburg 1972, 2부.

141 이에 대해서는 안체 슈루프의 주목할 만한 재구성 참조. Antje Schrupp, "Feministischer Sozialismus? Gleichheit und Differenz in der Geschichte des Sozialismus", 〈http://www.antjeschrupp.de/feministischer-sozialismus〉, 2015.07.01.

자 운동과 이제 싹트기 시작한 페미니즘 사이에는 오히려 긴장감 넘치는 불행한 관계만이 남게 되었다. 즉 여기 페미니즘에서는 사람들이 여성해방을 위해서는 단지 선거권과 노동시장에서의 동등한 지위를 위한 조치들이 아니라, 강제된 진부한 성차별로부터 벗어나 자신의 목소리를 비로소 찾기 위해 기존의 사회화 조건에서 비롯된 근본적인 문화적 변동이 필요함을 의식했다면, 다른 쪽, 즉 일련의 노동운동에서는 이런 식의 결과를 위한 어떠한 감각중추도 발전시킬 수 없었다. 왜냐하면 여기서는 경제 영역의 결정적 우위에 맹목적으로 집착하고 있었기 때문이다.[142] 페미니즘과의 관계가 이와 달랐다면, 그리고 이 두 가지 사회운동의 관계가 시작부터 달리 형성될 수 있었다면, 사회주의자들은 인격적 관계 영역을 사회적 자유의 독자적 장소로 해석함으로써 근대 사회의 기능적 분화를 인정할 준비가 되어 있었을 것이다. 즉 상호적 사랑에 기초한 사회적 결합 속에서 강제 없고, 자유롭게 공존하고 지원한다는 규범적 척도에 의거한다면 금방 다음과 같은 사실에 대해 눈이 뜨였을지도 모른다는 것이다. 즉 이에 따르면 여성에 대한 억압은 정확히 말해서 바로 이곳, 즉 정서적 가족관계 속에 이미 삽입되어 있기 때문에 여기서 여성들은 공개적으로 혹은 미묘한 폭력 위협을 통해 자기 자신의 고유한

---

[142] 그 다음으로는 종래의 부부 및 가족 관계의 구속으로부터 여성이 해방되기 위해서는 전적으로 고유한 자유 의미론이 필요하다는 생각이 아우구스트 베벨을 대가로 만들 그의 저작인 『여성과 사회주의』(*Die Frau und der Sozialismus* [1879], Berlin 1946)에서 나타난다. 그러나 그에게서도 여전히 "부르주아 부부"를 단지 "부르주아 소유관계의 결과"로 간주하고 (앞의 책, 519쪽), 따라서 가족 내의 사회화 관계 자체를 다루지 않으면서 생산조건의 사회성 강화라는 관점에 제한되는 경향이 나타난다(앞의 책, 28장).

존재, 희망, 관심을 탐색할 수 있는 어떠한 기회도 주지 않은 여성상과 진부한 역할을 강요받았다. 따라서 문제는 여성을 경제적 생산에 동등하게 참여시키는 것이라기보다는, 우선적으로 이들에게 남성들에 의한 특성 부여를 넘어서 자아형성의 저자가 될 수 있도록 돕는 것이었다. 그러므로 사랑, 부부, 가족 영역에서 사회적 자유의 조건을 위한 투쟁은 특히, 이러한 남성적 권력의 부화 장소에서 여성을 경제적 종속, 폭력적 후견, 그리고 일면적으로 부여된 활동들로부터 해방시킴으로써 여성들이 비로소 상호성을 겨냥한 관계에서 동등한 동반자가 될 수 있게 하는 것을 의미해야 한다. 그리고 이런 식의 강제 없는 상호 애착 관계 하에서 남성과 여성은 비로소 각기 타자를 정서적으로 지원함으로써 자신의 고유성의 실제적 표현으로 이해될 수 있는 욕구와 희망을 구체화시킬 수 있을 것이다.

그러나 인격적 관계 역시 사회적 자유 개념을 통해 해명함으로써 여성의 삶의 현실을 개선할 수 있는 조치들의 독자적 원칙을 발전시킬 수 있는 길을 사회주의는 가지 않았다. 사회주의는 공화주의적 목표가 갖는 합리적 내용에 대해 무지함을 보여주었듯이, 당시에 이미 목소리가 커졌던 여성운동의 이의제기에 대해서도 무지함을 입증했다. 이에 따르면 동등한 지위란 무엇보다도 여성 자신의 고유한 경험을 강제 없이 실현할 수 있는 필수적 전제들을 형성하는 것을 의미해야만 하며, 이는 주지하다시피 100년 후에 "차이"라는 투쟁 개념 하에 정식화되었던 요구이다.[143] 이 두 가지 사회운동이 갖

---

143 사회 이론적으로 사용될 수 있는 유용한 개념 설명으로는 Kristina Schulz, *Der lange*

는 규범적 지위를 올바로 평가하지 못한 무능력에서 다시 한 번 아주 명백하게 드러나는 점은 사회주의의 사회 이론적 지평이 초창기부터 실제로 얼마나 협소한가 하는 점이다. 사회주의는 사회적 자유실현을 위한 투쟁이란 의미를 경제적 행위 영역과는 다른 영역에서도 간파해 내는 데 무능력했다. 이 때문에 "좌파" 공화주의뿐 아니라 점차 급진화하던 페미니즘에 대한 관계 역시, 이들의 요구가 단순히 자신들의 경제 정치적 목표에 더 이상 편입될 수 없을 때면 항상 단지 이를 전적으로 부정하거나, 아니면 "부르주아적" 계급배반의 죄를 전가하는 방식이었을 뿐이다. 그리고 20세기 동안 이 두 사회운동이 너무나 강력해져서 더 이상 주목하지 않을 수 없게 되자, 사회주의는 자신들의 불투명한 처지를 결국 "주요 모순"과 "부차 모순"이라는 부적절한 어휘 사용을 통해 극복하려 함으로써 다시 한번 자신들이 얼마나 경제적 결정론이라는 산업주의적 유산에 집착하고 있는지를 드러냈다.[144] 물론 기능적 분화에 대한 사회주의의 감각중추 결함을 사후적으로 수정함으로써 사회주의를 혁신하려는 것은 얼핏 보기보다 상당히 감행하기 어려운 시도이다. 왜냐하면 경제적 "중심주의"를 각기 고유한 독립적 규범에 종속된 행위 영역들이란 표상으로 대체한다는 것은 분명 간단한 일이 아니기 때문이다.

Atem der Provokation. Die Frauenbewegung in der Bundesrepublik und in Frankreich 1968-1976, Frankfurt/M., New York 2002, V.2장.

144 이러한 파멸적 변형의 역사에 대해서는 Wolfgang Fritz Haug/Isabel Monal, "Grund-widerspruch, Haupt-/Nebenwiderspruch", in: Wolfgang Fritz Haug (Hg.), *Historisch-kritisches Wörterbuch des Marxismus*, Bd. 5, Hamburg 2001, 1040-1050쪽.

오히려 정치적으로 동기를 부여하는 전향적 기획이란 의미에서 필요한 것은, 장차 규범적으로 분화된 영역들이 서로 어떤 관계를 맺어야 하는가에 대한 이념이다.

이런 문제를 직접 다룰 수 있기 위해서는 이에 앞서서, 사회적 영역 분화에 대한 고전적 사회주의의 무능력과 관련하여 지금까지 우리가 도달한 성과를 다시 한 번 평가해 보는 것이 유용할 것 같다. 우리들의 출발점은 초기 사회주의 운동의 대변자 중 어느 누구도 사회적 자유 이념을 경제적 행위 영역 이외에 사회 재생산을 위한 또 다른 과제 영역을 위해 생산적으로 만들려고 노력하지 않았다는 점이다. 그 대신 이들은 단지 자본주의 경제를 어떤 조치들을 통해 사회 동지들의 더 강력한 연합을 이루는 방향으로 변혁할 수 있을까 하는 규범적 관점에서 이를 탐구했을 뿐, 다른 재생산 영역 역시 사회적 자유 실현이란 관점에서 고찰되어야 하는 것은 아닌지에 대해서는 고려하지 않았다. 이런 태만의 이유는, 우리가 이미 보았듯이, 초기 사회주의자 누구도 점진적으로 진행되는 근대 사회의 기능적 분화 과정을 인지할 준비를 갖추지 못했다는 데 있다. 이들은 전적으로 산업주의 정신에 사로잡혀 있었다. 그리고 이 때문에 미래에도 모든 사회적 현상들은 산업적 생산을 통해 규정될 것이라고 믿었고, 이미 경험적으로 존재하고 있는 것으로 보든지, 아니면 원칙적으로 바람직한 것으로 간주될 수 있는 것으로 보든지, 사회적 행위 영역들의 독자성에 대한 문제와 씨름할 아무런 유인도 발견하지 못했다. 이렇게 사회의 기능적 분화 과정 자체를 고려하지 않았던 점은, 왜 사회주의자들이 사회적 자유라는 자신들의 이념을 다른 사회 영역을 규범적으로 규명하기 위해 생산적으로 만들려는 노력을 전혀 하지 않았는지 그 이유를 설명해 준다. 즉 이러한 부분 체계의 현상들이 항상 경제적 원칙이나 방향 설정을 통해 규정되기 때문에 이들이 각기 고유한 독자적 기능 논리를 전혀 가질 수 없다면, 이러한 부분 체계에서 독자적 형태의 사회적 자유의 실현을 탐색할 필요가 없었다는 것이다.[145]

사회주의 이론 형성에서 나타난 이러한 잘못된 단계가 철회된다면, 이제 필요한 것은 다른 핵심적 사회 영역에 각기 고유한 형태의 사회적 자유를 연결시키는 것이 왜 의미가 있는지를 설득력 있게 만드는 것만이 아니다. 또한 사회주의는 앞으로도 더 나은 생활양식에 대한 비전을 포함해야 하며, 이러한 사회적 자유의 영역들로부터 추가적으로 이들이 미래에는 어떻게 적절한 방식으로 협력해야 하는지가 명시되어야 한다. 이 두 가지 과제 중 첫 번째와 관련해서는, 한편으로 민주주의적 행위와 다른 한편 인격적 사회관계 자체의 규범적 독자성을 인지하는 데 태만했던 전통적 사회주의에 대한 비판에 이미 그 해답이 그려져 있다. 즉 여기서 각각의 관련자들은

---

145 이렇게 기능적 분화에 대한 무능력이라는 사회주의의 숙명적 유산이 오늘날까지도 얼마나 강하게 작용하고 있는지는, 제럴드 코헨이 각기 고유한 행위 논리를 갖고 있는 다양한 사회 영역의 분리에 대해 언급도 하지 않은 채 2009년 사회주의 사회의 비전을 구상할 때 보여준 순진함을 통해 어렵지 않게 알 수 있다. 그 대신 그는 특수한 규칙에 따라 조직된 다양한 과제 영역들 사이의 안정된 경계설정도 없는 캠핑장을 이러한 미래 사회의 모델로 삼았다. Gerald A. Cohen, *Sozialismus-warum nicht?*, München 2010. 이런 점에서 에밀 뒤르켐의 다음과 같은 간결한 문장은 기능적 분화의 필연성에 대한 결정적 적대자들에게 정말 적합한 말이 아닐 수 없다. 즉 그에 따르면, 사회적 삶은 결코 "캠핑장에서의 삶"일 수 없다. Emile Durkheim, *Erziehung, Moral und Gesellschaft. Vorlesung an der Sorbonne 1902/1903*, Darmstadt 1973, 200쪽.

자신들의 행위 기여를 우리라는 관점에서 상호적 보완으로 이해할 수 있어야 한다는 식으로 자신들이 지켜야 할 핵심 규칙을 이해한다면, 여기에서도 사회적 자유에 기초한 영역들을 추정하는 것은 아주 당연한 일이다. 경제적 행위 체계만이 아니라, 인격적 관계와 민주주의적 의사형성이라는 두 가지 다른 행위 영역 역시 이러한 확장된 시각을 척도로 한다면 사회적 부분 체계로 이해될 수 있으며, 관련자들이 각자의 기여를 강제 없이 서로 협력하면서 서로를 보완하는 것으로 해석할 수 있을 때만 이 부분 체계에서 요구되는 바람직한 성과가 산출될 수 있다. 즉 사랑, 부부, 가족 영역에서는 모든 구성원들이 자신들의 실제 욕구와 관심을 방해받지 않고 구체화하면서 각기 타자의 도움을 통해 실현할 수 있을 때에만 여기서 약속된 상호성이 가능한 관계 양식을 인식할 수 있다면, 민주주의적 의사형성 영역에서는 참여자들이 각기 자신들의 개인적 의사 표명을 일반적 의지 형성이라는 공동의 기획을 위한 상호 보완적 기여로 이해할 수 있어야 한다.[146] 이미 경제 체계에서 보았듯이 이 두 경우에도 다음과 같은 자유주의적 표상을 따른다는 것은 잘못이고 또한 미혹되게 하는 것이다. 즉 이 두 경우에서 중요한 것은 주체들에게 사적이고 오직 개인적으로 규정된 목표를 실현할 기회를 열어주는 사회적 하위 체계이며, 따라서 개인 간의 결합이나 상호 의무는 잠재적으로

---

146 이에 대한 논의는 다음에서 계속된다. Axel Honneth, "Drei, nicht zwei Begriffe der Freiheit. Ein Vorschlag zur Erweiterung unseres moralischen Selbstverständnisses", in: Olivia Mitscherlich-Schönherr/Matthias Schloßberger (Hg.), *Die Unergründlichkeit der menschlichen Natur*, Berlin 2015.

위협받을 수 있는 것으로 기술되어야만 한다는 생각은 잘못이라는 것이다.[147] 수정된 사회주의가 전제하는 것은 전적으로 이와는 반대로 세 가지 영역 모두가 강제 없는 상호성과 이를 통한 사회적 자유 관계의 조건이 지배하는 행위 영역을 형성한다는 것이다.[148] 따라서 이런 사회주의는 경제 영역에서 타율과 노동소외의 극복을 전망하는 데 만족할 수 없다. 오히려 사회주의는 근대 사회가 오랫동안 진정한 의미에서 **사회적이지** 않았으며, 이 때문에 인격적 관계와 민주주의적 의사형성이라는 두 가지 다른 영역 내에서도 강제, 간섭, 강요가 성공적으로 극복되지 못했음을 알고 있다.

왜 혁신된 사회주의는 자신의 규범적 주도 이념을 분화시키면서 지금까지 등한시된 사회 영역에 이를 적용해야 하는지 이렇게 윤곽을 그려보았지만, 물론 이것이 더 나은 생활양식에 대한 이미 낡아버렸고, 결국 경제적 변혁에 제한된 비전을 새롭고 더 복잡화된 비전으로 대체하기에는 충분치 않을 것이다. 왜냐하면 이는 이제 분화

---

[147] 내가 위에서 사회주의의 지속적 과제로 제시했던 지배적 경제 이론에 대한 비판적 논증의 연장선상에서 본다면, 아마도 사회주의는 항상 동시에 사적 관계와 정치적 의사형성이라는 두 가지 다른 영역의 사회적 현실을 이미 함께 만들었던 지배적 이론 모델, 즉 자유주의적 표준 가족 모델과 부정적 자유에 기초한 지배적 민주주의 이론에 대한 비판 역시 수행해야만 한다. 이 글에서 묘사된, 강하게 헤겔로 정향된 의미에서 기능적 분화라는 (규범적) 사실을 받아들인다면, 정치경제에 대한 비판에서 필요한 것은 여기서 끝나는 것이 아니라, 이와 병행하여 이 두 가지 다른 사회 구성적 하부 체제를 탐구하고 또한 이를 개념적으로 항상 함께 규정하는 지배적 학문 분야에 대한 비판을 수행하는 것이다.

[148] 이 세 가지 사회 구성적 영역은 또한 헤겔 및 뒤르켐과 일치할 뿐 아니라(Durkheim, *Physik der Sitten und der Moral. Vorlesungen zur Soziologie der Moral*, Frankfurt/M. 1999), 존 롤스가 자신의 정의 이론의 1차적 대상으로 간주한 사회의 "기본 구조"와 관련하여 착수한 구별과도 일치한다(Rawls, *Gerechtigkeit als Fairneß*, 32쪽).

된 부분 체계를 각각 사회적 자유를 증진시키는 장점 많은 상태로 사유하는 것보다 훨씬 많은 것을 내용으로 하며, 이를 넘어서 이 부분 체계 사이의 올바르고 적절한 협력에 대한 구상을 요구하기 때문이다. 사회주의가 자신을 떠받치는 역사적 세력에 대한 의식을 통해 실험적 실현에 대한 준비 태세를 일깨우기에 충분한 미래의 생활양식에 대한 윤곽을 그리려는 전통적 요구를 포기하지 않는다면, 이제 기능적 분화라는 전제 하에서 사회적 자유의 다양한 영역들이 서로 화해할 수 있는 형태에 대해 언급해야 한다.

이런 어려운 문제에서 우리를 계속해서 도울 수 있는 것은 헤겔에서 발견되고, 마르크스의 사유에서도 약하게나마 나타나는 직관들이다. 만약 헤겔의 사회철학에서 그가 이미 기능적 관점에서 구별한 사회 영역들의 구조에 대해 어떻게 생각했는지를 탐색한다면, 어쩔 수 없이 살아 있는 유기체 모습이라는 실마리와 마주치게 된다. 왜냐하면 헤겔이 근대 사회의 노동 분업적 구조를 종합적으로 기술하려 할 때면 언제나 유기체 전체의 보존이란 목적을 향한 모든 부분 체계의 협력이란 생각에 의존한 것처럼 보이기 때문이다. 즉 사회 영역들은 다 합쳐져 각기 고유한 규범에 따라 사회 재생산이라는 포괄적 목적에 기여하는 성과를 낸다는 점에서 흡사 신체의 조직들이 서로 연관된 것과 같다는 것이다. 이러한 노동 분업 과정의 내적 합목적성에서 무엇보다도 수수께끼처럼 보이는 것, 즉 독자적으로 작동하는 부분들이 더 높은 차원의 전체가 기능하도록 비밀스럽게 정렬되어 있다는 점은, 살아 있는 유기체의 속성을 사회적 전체에 적용한 결과임을 추정해 본다면 당장 명백해질 것이

다.[149] 이러한 유기체 모델이 과거와 현재 사회에 경험적으로 적용
되는지 여부에 대해서는 일련의 반론이 있을 수 있지만,[150] 이를 논
외로 한다면, 이는 규범적 숙고를 위한 자극이 될 수 있다. 이에 따
르면, 다양한 부분 체계들은, 그것이 결점 없이 잘 조직된 사회질서
에서라면, 신체 기관의 모형에 따라 노동 분업적 의존성 속에서 방
해 없는 현실화가 보장된 방식으로 사회적 재생산이라는 상위의 목
적과 연관되어야 한다는 것이다. 이런 식의 생각은 마르크스 역시
지금까지 역사의 결함이 생산력과 생산관계 간의 "부적합한" 관
계가 반복된 것이라고 한탄할 때면 항상 염두에 두고 있었던 것 같
다.[151] 왜냐하면 이런 식의 위기진단, 즉 두 가지 부분 체계 사이에
항상 반복적으로 재생산되는 불균형 현상이 역으로, 미래의 위기 없

---

149 헤겔의 법철학에서 나타난 유기체 모델 사용에 대한 최고의 연구로는 Michael Wolff,
"Hegels staatstheoretischer Organizismus: Zum Begriff und zur Methode der Hegelschen
'Staatswissenschaft'", in: *Hegel-Studien*, 19 (1985), 147-177쪽. 여기에서는 마르크스가 자신
의 고유한 작업을 결실 있게 만들기 위해 얼마나 긍정적으로 헤겔의 국가 이론의 이러한 방
법적 요소와 연계되었는가에 대한 지적도 있다. 앞의 책, 149쪽 이하. 독일 관념론 전체에서
나타난 유기체 모델의 사용에 대해서는 Ernst-Wolfgang Böckenförde, "Organ, Organismus,
Organisation, politischer Körper", in: *Geschichtliche Grundbegriffe. Historisches Lexikon zur
politisch-sozialen Sprache in Deutschland*, Bd. 4, 519-622쪽, 여기서는 특히 579-586쪽.

150 유기체 유추를 체계적으로 사용한 뒤르켐을 염두에 둔 것으로는 Hartmann Tyrell,
"Emile Durkheim - Das Dilemma der organischen Solidarität", in: Luhmann (Hg.), *Soziale
Differenzierung*, 181-250쪽.

151 마르크스의 저작 『정치경제학 비판을 위하여』 서문에 나온 그의 유명한 진술을 보면,
"사회의 물질적 생산력은 특정한 발전 단계에서 기존하는 생산관계, 즉 이에 대한 법률적
표현을 빌린다면, 지금까지 생산관계가 작동하던 틀인 소유관계와 모순에 빠진다. 따라서
생산력 발전 형태에서는 이 생산관계가 질곡으로 변모한다. 그렇게 되면 이제 사회적 혁명
의 시대가 도래한다."(Karl Marx, *Zur Kritik der Politischen Ökonomie* [1859], in: ders./Fried-
rich Engels, *Werke [MEW]*, Bd. 13, Berlin 1971, 5-160쪽, 여기서는 특히 9쪽).

는 상태가 다양한 기능 영역 사이의 "유기적" 협력이란 개념을 통해 서술됨을 전제하기 때문이다.[152]

우리가 유기체 유추를 이런 규범적 의미로 이해한다면, 이제 이는 앞서 묘사한 세 가지 자유 영역의 적합한 관계 규정 문제에 답할 수 있는 해결의 실마리가 될 것이다. 혁신된 사회주의는, 이미 보여주었듯이, 고전적 사회 이론이 구분한 인격적 관계, 경제적 행위 그리고 민주적 의사형성이라는 부분 체계 각각에서 미래에 비로소 실험적으로 실현될 사회적 자유의 잠재력을 발견할 수 있어야 한다. 또한 이뿐만이 아니라 혁신된 사회주의는 대략적으로나마 미래에는 이런 다양한 영역이 어떤 식으로 서로 의존하게 될지에 대한 표상 역시 필요로 한다. 헤겔과 마르크스가 도입했던 유기체 유추가 이런 문제를 해결하는 데 도움이 된다면, 부분 영역으로 구성된 전체의 내적 합목적성을 이런 영역들 상호 간의 바람직한 관계로 이해하는 것이 당연한 결론일 것이다. 즉 세 가지 자유 영역들은 앞으로 가능한 한 자신의 고유한 규범을 따라야 하지만, 공통적으로는 강제 없는 협력 속에서 전체 사회라는 더 높은 차원의 통일성을 지속적으로 재생산하는 방식으로 연결되어야 한다는 것이다. 독립적 자유 영역 간의 이러한 합목적적 협력 이미지는 민주적 생활양식이라는 개념으로 총괄될 수 있다. 여기서 주체들은 인격적, 경제적, 그리고 정치적 관계 간의 실천적 협력을 통해 각기 자신들의 공동체 유지에 종

---

152 마르크스의 유기체 모델에 대해서는 Lars Hennings, *Marx, Engels und die Teilung der Arbeit:ein einführendes Lesebuch in Gesellschaftstheorie und Geschichte*, Berlin 2012, 204쪽 이하.

합적으로 필요한 과제들을 해결하는 데 협력적으로 기여한다는 점에서, 이는 실험적으로 비로소 구체화되는 사회적 공동생활의 형식적 구조를 선취하고 있기 때문이다. 여기서 말하는 "민주주의"란 동등하고 강제 없이 정치적 의사형성 절차에 참여할 수 있는 것만을 의미하지는 않는다. 오히려 전체 생활양식으로서의 민주주의가 의미하는 것은, 각각의 독립된 영역의 기능적 특수성 속에 민주적 참여라는 일반적 구조가 반영되어 있는 평등한 참여 경험을 개인과 사회의 매개 중심으로 만들어 내는 것이다.[153]

오늘날 사회주의에서 해방된 사회상으로 아른거리고 있는 민주적 생활양식 이념은 낡은 사회주의적 미래상에 비해 장점을 갖고 있다. 이는 다양한 기능 영역의 규범적 고유성을 따르면서도, 이 때문에 동시에 조화된 전체에 대한 희망을 함께 포기하지는 않기 때문이다. 기능적으로 분화된 사회에서 생활**양식**에 대해 말한다는 것은 부분들의 총합 이상인, 의미 있게 결합되고 조화롭게 짜여진 사회질서를 가정한다는 의미여야 한다. 따라서 세 가지 사회적 자유 영역 사이의 경계설정은 이 영역들이 강제 없는 상호성에 놓여 있는 신체 기

---

153 민주주의를 정치적 통치양식만이 아니라, 전체 생활양식으로 이해하려는 사고는 근원적으로 존 듀이로 소급된다(이에 대한 예로는 John Dewey, *Democracy and Education*, in: *The Middle Works* [1899-1924], Carbondale/Edwardsville 1985, Bd. 9, 여기서는 특히 92-94쪽; ders., *Die Öffentlichkeit und ihre Probleme*, 129쪽); 이후에 이러한 사상은 듀이의 제자인 시드니 후크를 통해 수용되어 계속해서 추구되었다(Sidney Hook, "Democracy as a Way of Life", in: *Southern Review*, 4 [1938], 46-57쪽; 이에 대해서는 Roberto Frega, *Le pragmatisme comme philosophie sociale et politique*, Lormont 2015, 113-133쪽). 나는 여기서 실용주의 전통에 합류하고 있지만, 나는 이를 기능적 분화에 대한 체계적 사고로 확장함으로써 민주주의적-협력적 구조를 통해 종합적으로 전체 생활양식을 형성할 수 있는 방식으로 행위 영역을 규정하려고 한다.

관처럼 더 높은 차원의 사회적 통일성을 재생산하는 데 도움이 되도록 정교하게 이루어져야 한다.[154] 이런 식의 정식화에서 어렵지 않게 알 수 있는 것은, 더 나은 미래에 대한 이 새로운 그림이 다름 아니라 과거에 초기 사회주의자들이 도입했던 사회적 자유 이념을 다시 한 번 더 높은 차원의 전체 사회적 과정에 적용하려는 노력에 힘입고 있다는 점이다. 내가 지금까지 수정된 의도 하에서 제안했던 것은, 사회주의 운동의 선조들이 원했던 생산자만도 아니고, 여기에 추가하여 정치적 시민과 정서적 관계 동반자만도 아니다. 더구나 이세 가지 기능 영역은 공동의 목적 실현을 위한 상호 보완 관계에 있어야 한다. 이렇게 사회적 자유를 사회적 통일성의 관계 영역에 적용함에 있어서 수정된 사회주의의 요소는 마르크스의 사상이 아니라, 다름 아닌 헤겔의 사상에 더 강하게 빚지고 있다. 미래 사회는 더 이상 아래로부터, 즉 생산관계에 의해 중앙에서 통제된 질서가 아니라, 오히려 독립적이지만 합목적적으로 함께 작용하는 기능 영역들의 유기적 전체로 표상되며, 이 속에서 구성원들은 각각의 사회적 자유를 통해 협력적으로 활동하기 때문이다. 물론 수정된 사회주의의 예견, 즉 사회적 재생산이라는 더 높은 목적을 위해 상호주관적 자유 영역들이 강제 없이 협력한다는 생각은 이제 모든 변화에서 벗어난 고정된 미래 비전으로 이해되어서는 안 된다. 모든 것을 예견하게 하는 미래 형성과 관련된 이 새로운 주의 주장의 요소들처럼

---

154 여기서 나는 마이클 왈저의 자유주의적 노력을 수용한다. 그는 사회주의 이념을 위해 이를 결실 있게 만들려고 한다. Michael Walzer, "Liberalism and the Art of Separation", in: *Political Theory*, 12/3 (1984), 315-330쪽.

이 "최상의" 주도 이념 역시 실험적으로 제도적 변혁 가능성들을 탐색하는 데 있어서 그 방향을 제시하는 순수한 방향틀로 이해되어야 한다. 경험에 기초한 지식을 척도로 할 때 다양한 영역에서 각기 참여자들의 동등한 상호 협력을 가능하게 하는 사회적 조건이 되어야 할 것은 따라서 다시 한 번 적합한 분리의 기술이라는 더 높은 차원의 관점에 정향되어야 한다. 달리 말한다면, 지금 염두에 두고 있는 모든 변혁은 또다시 항상 그것이 관련된 행위 영역에 독자적인 활동 공간을 허락함으로써 장기적으로 볼 때 그 고유한 규범적 법칙성에 따라 작동하는 민주적 생활양식 기관을 형성할 수 있도록 하는가에 따라 점검되어야 한다는 것이다.

물론 이러한 방향틀에는 적어도 두 가지 점이 설명되지 않은 채로 남아 있으며, 아마도 이를 해명하지 않는다면 수정된 사회주의는 변혁 행위 동기를 제공하는 데 필요한 힘을 결여하게 될 것이다. 한편으로 지금까지 묘사된 민주적 생활양식이라는 주도적 그림에 따른다면, 실험적으로 탐색된 원하는 변혁을 진행시키고, 이를 종결되지 않는 탐구 과정이란 형태로 지속시킬 수 있는 그 어떤 통제의 심급이 현재에도 미래에도 필요하지 않다는 불가피한 인상을 줄 수 있다. 왜냐하면 이 글에서 의식적으로 선택한 유기체 유추가 암시하는 바는, 이런 변혁 과정을 적극적이고 탐구적인 인간의 개입을 요구하지 않는, 오늘날 지배적인 체계기능주의에서처럼 포괄적으로 진행되는 익명적 합목적성의 결과로 결말짓는 것이기 때문이다.[155] 이

---

155 오늘날 지배적인 분화 이론의 이러한 전제에 대한 비판은 Uwe Schimank, "Der

런 점에서 지금까지 묘사한 방향틀에 수정이 필요하다면, 그것은 여기서 겨냥된 사회적 자유의 기능적 영역 간의 협력과 관련하여 필연적 변화, 경계설정 및 적응 과정이 통제에 따라 진행될 수 있는 장소를 가시화시키는 것이다. 그리고 이런 통제의 심급이 비로소 지목된다면, 혁신된 사회주의는 자신이 추천하는 실험을 사회적 유기체에서 실행하기 위해 일차적으로 무엇에 영향을 미쳐야 하는지에 대한 명료한 설명을 얻을 수 있을 것이다. 그러나 이것으로 충분한 것은 아니다. 지금까지 묘사된 미래 비전에서는, 민주적 생활양식 이념이 본래적으로 어떤 사회적 관계 영역과 관련되어야 하는지 역시 불명확하다. 이런 문제에 대한 대답에서 검토되지 않은 채 일반적으로 가정된 것은, 국민국가 울타리에 둘러싸인 사회가 바로 그 경계 안에서 필요한 변혁 과정이 수행될 수 있는 곳이라는 점이다. 그러나 이러한 가정은 개별 국가 간의 점증하는 상호의존성과 이에 동반된 탈국가화 과정을 이유로 그동안 가장 설득력 없게 되었기 때문에, 사회주의 역시 자신과 개별 국가의 관계에 대한 낡은 질문을 완전히 새롭게 전개해야만 한다.[156]

이렇게 아직도 남은 두 가지 빈틈 중 첫 번째 것이 제기하는 어려운 문제는, 유기체 모델에 따라 파악된 독립적 자유 영역 간의 협력

mangelnde Akteursbezug systemtheoretischer Erklärungen gesellschaftlicher Differenzierung", in: *Zeitschrift für Soziologie*, 14 (1985), 421-434쪽.

156 이렇게 과거로 소급되는 논의에 대해서는 상세한 주석이 붙은 다음과 같은 텍스트 모음 참조. Georges Haupt/Michael Lowy/Claudie Weill, *Les marxistes et la question nationale 1848-1914. Études et textes*, Paris 1949.

을 동시에 어떤 적극적 중심이 인식 가능하게 되도록 이해해야 한다는 데 있다. 물론 이 중심은 영역 상호 간의 일치와 경계설정을 위해 필요한 통제 활동을 수행한다. 더구나 이러한 문제에 대한 대답이 건드리고 있는 중요한 주제는, 수정된 사회주의가 이제부터는 사회를 기능적으로 분화된 구조로 이해하려 하고, 따라서 행위자들에게 수많은 사회적 역할이 맡겨졌음을 알아야 한다면, 누구를 자신의 수취인으로 염두에 두어야 하는가 하는 점이다. 오늘날에는 더 이상 단순히 "노동자"와 "자본가"라는 대립만이 존재하는 것은 아니다. 오히려 이와 함께 그리고 이와 마찬가지의 중요성과 갈등 동력을 갖고 있는 것이 사랑의 동반자, 가족구성원, 정치적 시민들이다. 이렇게 관련자들을 필연적으로 확장하게 될 때 생기는 큰 어려움이 무엇인지를 가시화시키기 위해서라도, 고전적 사회주의자들에게 이러한 복합적 주제 전체가 얼마나 간단명료하게 제시되었는지를 이 자리에서 다시 한 번 기억할 필요가 있다. 여기서는 모든 기능적 분화가 부정된 채 사회가 아직도 철저히 경제적 영역으로부터 규정된 전체로 이해되었다. 그 결과 프롤레타리아가 과거와 현재, 그리고 미래에도 자신의 생산적 노동을 토대로 사회 형성의 중심적 지렛대를 손에 쥐고 있다는 점에서 이미 사회주의 이론의 유일한 수취인으로 간주되었다. 그러나 오늘날 합당한 이유에서 경제적 결정론이 포기되고, 조심스레 핵심적 기능 영역들의 규범적 독자성에 대한 가정으로 대체된다면, 더 이상 결정적인 것으로 간주된 부문에서의 자신의 활동을 근거로 미래의 사적 영역과 정치적 행위 체계 형성 역시 감독하는 **하나의** 행위자는 더 이상 존재할 수 없는 것처럼 보인다. 오히려 각자 자신의 영역에 배치되어 있는 기능 특수적 행위 집단의 다원성이 두드러진다면, 사회 이론적으로 계명된 사회주의에서는 하나의 중심적 대화 상대자가 사라지게 될 것이다. 이렇게 다양한 영역의 특수한 메시지를 갖고 있는 완전히 다른 수취인들을 말해야 하는 곤경에서 벗어날 수 있는 길이 확실히 존재할 수 있기 위해서는, 지금 전제된 모든 고유한 법칙성들의 통제 중앙에 대한 앞서의 질문에 긍정적인 대답이 찾아져야 한다. 그렇게 된다면 이 통제 중앙에서 활동하는 주체들 전체가 수정된 사회주의가 민주적 생활양식이라는 비전을 통해 영향을 미침으로써 실험적 발견 활동에 동기를 주려는 바로 그 집단으로서 기능할 수 있을 것이다.

이러한 점과 관련해서도 어떤 사회 기관이 복합적 사회에서 바람직한 성장 과정을 반성적으로 통제할 수 있겠는가 하는 질문을 최초로 체계적으로 제기했던 존 듀이의 구상은 다시 한 번 우리에게 도움이 될 수 있다.[157] 물론 이와는 다른 정신적 전제 하에서이지만 그에 앞서서 이미 이와 유사한 생각이 에밀 뒤르켐에서도 발견된다.[158] 그 후 위르겐 하버마스는 앞서 개진한 제안들과 관련하여 동일한 문제제기를 정력적으로 추적했다.[159] 지금 말한 문제에 대해 존 듀이

---

157 Dewey, *Die Öffentlichkeit und ihre Probleme*.

158 Durkheim, *Physik der Sitten und der Moral*, 115쪽 이하.

159 Jürgen Habermas, *Strukturwandel der Öffentlichkeit. Untersuchungen zu einer Kategorie der bürgerlichen Gesellschaft* [1962], Neuwied/Berlin 1971. 물론 듀이의 "기능주의적" 입장과 하버마스의 "제도주의적" 입장 사이에는 무엇보다도 현저한 차이가 존재하지만, 이 차이는 하버마스가 더욱더 공론장을 시민사회의 매체로 이해하면 할수록 약화될 것이다(Habermas, *Faktizität und Geltung*, VIII장).

가 예비한 해법은 그 사이에 실용주의의 공동 자산이 되었으며, 내가 이미 언급했던 그의 사상을 이은 것이다. 그에 따르면, 사회적 단계에서 아직 이용되지 않은 사회적 혁신을 위한 잠재력은 오직 모든 참여자들 사이의 가능한 한 제한 없는 의사소통을 통해서만 발견될 수 있다.[160] 이제 기능적 사회 내부에서 어떤 심급이 통합적 통제 과제를 넘겨받는가에 대답하기 위해 이러한 듀이의 생각을 계속해서 추적한다면, 이를 위해 모든 관련자들이 가능한 한 강제 없고 방해 없이 참여할 수 있는 "공론장"이라는 제도적 기관을 당연히 고려해 보아야 할 것이다. 왜냐하면 공론장에서의 협력은 수많은 청취된 목소리와 이와 함께 청취된 시각을 토대로 다음과 같은 일을 가능하게 만들기 때문이다. 즉 공론장은 개별적 영역에서든 아니면, 이들 영역들이 합쳐진 경우에서든 금방 문제에 주목하게 만들고, 따라서 많은 해법 제안을 다시 검토에 적합하게 만든다. 따라서 듀이의 사고 과정에서 도출할 수 있는 것을 내가 지금까지 사용했던 유기체적 언어로 다시 번역한다면, 사회적 행위 체계들 하에서는 민주적 의사 형성의 제도적 틀이 책임져야 할 합목적적 전체 과정에 대한 반성적 통제의 기능을 공론장이 충족할 수 있다는 것이다. 이렇게 기능적으로 서로를 보완하는 자유 영역들 사이에서 그 목표로 겨냥된 협력을 위해 민주적 행위 영역이 **동료들 중에서 가장 우위**에 서는 이유는, 이 영역이 사회적 공동생활이란 시각에서 잘못된 일들을 모든 사람이 청취할 수 있도록 구체화하고, 이를 공동으로 해결해야 할 과제

---

160 Dewey, 앞의 책, 98쪽 이하.

로 취급할 수 있게 만드는 유일한 장소이기 때문이다. 이러한 정치적 공론장의 인식론적인 선구적 역할에 더 추가한다면,[161] 이 공론장은 법 제정자에게 정당성을 제공해 주는 영향력을 통해 설득력 있는 해법을 구속력 있는 법으로 변형시킬 수 있는 힘을 갖는다. 그렇기 때문에 공론장에 주어진 통제 기능에 대해서는 의혹이 존재할 수 없다. 이것이 바로 토의적 시민들의 민주적 공동체이며, 여기서 시민들은 독립적인 자유 영역들 간의 역할 분담적 협력 속에서 전체 유기체 구조의 합목적성을 감독하고, 필요할 경우 그 내적 성향을 수정할 수 있는 역할을 담당한다. 따라서 지금까지 독자적으로 진행된 것처럼 보이는 기능적 분화의 반복은 그 자체로 다시 민주적 의사형성의 대상이 된다.[162] 살아 있는 유기체 속에서 내적 건축 설계 덕택에 자립적으로 수행되는 것, 즉 상호 지원적이고 상호 의존적인 조직들 간의 협력을 통해 이루어지는 성숙화는 민주적 생활과정 속에서 그 담지자들 스스로를 통해 마련될 것이다. 왜냐하면 이들은 자신들이 만들어낸 공론적 토의라는 도구를 통해 자신들의 행동 전체가 침전되어 있는 결과물들을 수정하는 데 영향을 미치기 때문이다.

민주적 생활양식 이념이 전체적으로 결국 무엇을 말하는지를 이렇게 전망해 본다면, 당연히 이미 과거에 제시되었던 사회적 자유 확장의 길을 실험적 탐색을 통해 과감히 계승하라는 혁신된 사회주

---

161 민주적 공론장 내에서 형성된, 그리고 여기서 표현된 운동들의 인식론적 역할에 대해서는 Elizabeth Anderson, "The Epistemology of Democracy", in: *Episteme. A Journal of Social Epistemology*, 3/1 (2006), 8-22쪽.

162 이런 관점에 대해서는 Hans Joas, *Die Kreativität des Handelns*, Frankfurt/M. 1992, 4.3장.

의의 호소가 누구를 수취인으로 간주해야 하는지에 대해서도 답을 준다. 즉 모든 핵심적 사회 영역에서 강제 없는 상호 지원을 실현하는 데 있어서 아직도 존재하는 한계와 장애를 허물어트리는 신중한 변혁적 행위를 고무시킴으로써 비로소 획득된 민주적 공론장에 모인 시민들 자신이 바로 그 수취인이라는 것이다. 오늘날 사회주의의 우선적 관계 집단으로 간주될 수 있는 것은 그것이 산업 프롤레타리아이든, 아니면 열악한 처지에 있는 월급쟁이들이든, 특정한 사회적 계급도 아니며, 그 어떤 사회운동도 아니다. 오히려 사회주의는 민주적 협력이라는 국가 이전의 영역 내에서 다양한 사회 영역의 사회적 자유가 제한되고 있음을 보여주는 폐해, 불이익, 권력 행사에 대한 불만에 귀를 여는 사람들 전체에 영향을 미치려 해야 한다. 어떤 식으로든 고정된, 사회적 상황과 결합된 혁명 준비 세력에 대한 가정이 사상누각처럼 붕괴된 이후에는,[163] 더더욱 사회적 계급이나 운동은 혁신된 사회주의에게 더 이상 미래의 성공을 보장하는 데 기여할 수 없다. 사회주의에서 이런 집단적 주체의 세계사적 과제에 대한 믿음 전체는, 마찬가지로 이미 앞서 이야기했듯이, 일련의 제도적 성과 속에 기록된 진보 노선이 임의적인 중단을 허용하지 않고 미래에도 지속될 수 있다는 신념으로 대체되어야 한다. 오늘날 사회주의는 민주적 공론장을 통해 어떠한 집단적 주체도 형성하지 않는 자신의 수취인을 갖게 되었다. 왜냐하면 사회주의는 사회적 구성상 지속적으로 가변적이고, 개인적 경계가 불분명하고, 강하게 변동

---

[163] 앞의 책, 116쪽 이하.

하는 연약한 구조를 갖게 되기 때문이다. 그러나 이것은 결코 단점이 아니라, 장점이다. 왜냐하면 이러한 개방성, 즉 다양한 주제와 시각에 대한 이러한 박동치는 관심이 바로 사회 구조의 모든 사각지대에서 나타나는 자유 축소에 대한 실제적 불만을 청취하게 함으로써 실천적으로 전진하는 자유 역사의 역사적 서사들에 대한 검토를 보장하기 때문이다. 따라서 이제부터 공론장에 모인 시민들 속에서 사회주의의 고유한 전달자를 인식한다는 것은, 사전에 이미 존재하는 사회주의의 확고한 담지자라는 착각이 결정적으로 붕괴했다는 것만을 의미하지는 않는다. 이는 또한 이를 넘어서 무엇보다도 이제부터 "사회적 자유"라는 규범적 주도 이념을 통해 현재 사회의 모든 부분 체계들 속에서 등장하는 해방 노력을 정치적으로 대변하려는 것을 의미한다. 오늘날 사회주의가 단지 경제적 영역에서의 타율과 노동소외만이 아니라, 인격적 관계와 민주적 의사형성 내에서의 강압, 지배, 강요를 극복하려 한다면, 사회주의는 자신의 규범적 염원을 위한 전우를 정치적 공론장이란 전쟁터에서 찾을 수 있을 것이다. 여기서 사회구성원들은 자신의 고유한 관심이 직접적으로 다루어지지 않는 곳에서도 그 개선을 위해 전력을 다할 수 있게 하는 역할을 통해 사회주의와 마주하게 되기 때문이다. 이런 점에서 아무리 임금노동자의 관심사를 위해 미래에도 지속적 투쟁이 있어야 한다고 할 수 있을지라도, 사회주의는 오늘날 무엇보다도 임금노동자가 아니라, 정치적 시민들의 것이다.

이제 남은 문제는 노동운동사를 상당히 거슬러 올라가야 할 난해한 문제로서, 이는 사회주의가 일국 사회적 기획인가, 아니면 근본적으로 국제적 기획으로 이해되어야 하는가이다. 이러한 문제에 대한 대답은 국민 국가적 경계가 점차 용해되어가는 오늘날의 상황에서 나타날 수 있는 것보다 훨씬 더 어려운 것이다. 한편으로 오늘날 거의 모든 것이 사회주의 운동이 시작되었던 19세기 때보다 훨씬 더 사회주의 비전을 본래부터 국민 국가적 경계를 넘어서 적용될 수 있는 사회정치적 기획으로 이해하는 데 적합하다. 다양한 사회적 영역의 규범적 통제는 그동안 더욱 강력하게 개별 국가의 "주권적" 통제에서 벗어났기 때문에, 사회주의가 겨냥한 이러한 영역들에서의 모든 개선을 아직도 단지 일국적으로만 관철될 수 있는 것으로 보는 것은 더 이상 유망한 것일 수 없다. 이러한 점은 자본주의 경제 체제가 벌써부터 아주 강력하게 국제적 연결망을 형성하고 있고, 그 작동상 서로 엮여 있기 때문에, 국민 국가적 행위자들이 이에 대해 충분한 통제력을 갖고 있지 않다는 점만을 생각해 보아도 알 수 있다. 국가 간의 점증하는 상호의존성 경향 때문에 사회주의의 주의 주장도 마찬가지로 함께 변해야 한다. 왜냐하면 사회주의의 주의 주장은 사회적 자유의 확장 가능성을 위해 자신이 추진하는 실험을 더 이상 국가적 경계가 고려되지 않는 차원으로 이주시켜 놓았기 때문이다. 그리고 방금 보았듯이, 이러한 실험적 탐색 주도권은 항상 어떤 식으로든 민주적 공론장에서 비롯되어야 하기 때문에, 이는 또한 국제적으로 작동하는 반대 세력에 대항하기 위해서 짧은 기간 내에 가능한 한 광범위한 초국가화를 필요로 한다. 그러나 이 모든 것은 단지 이론적으로만 쉽게 말할 수 있을 뿐 이를 실천적으로 현실화시키는 것은 이보다 결코 쉬운 일이 아니다.[164] 그뿐 아니라 이 모든 것이 "세계사회"라는 말을 인정하기에는 이보다 더 큰 비동시성을 보여주는 사회적 현실을 볼 때 전적으로 정당한 것도 아니다.[165]

즉 여기서의 어려움은 이미 분화된 행위 영역들이 더 이상 국민국가가 아닌 전 지구적 통제 경향에 의해 파악되는 정도가 매우 다르다는 데서 시작된다. 물론 오늘날 경제 체계는 광범위하게 "세계사회적"으로 조정되고 규율되고 있다. 그러나 이것이 가족, 친밀성 영역과 우정 영역에서도 그런 것은 아니다. 이 영역들의 내적 질서는 아직도 상당할 정도로 한 국가, 혹은 여러 국가를 포함하는 문화 영역의 규범적, 법적-정치적 상황에 의해 규정되고 있기 때문이다. 즉 동성애 결혼이 유럽에서는 정당하고 법적으로 허용된 기획으로 관철되기 시작했지만, 다른 지역에서는 과거부터 지금까지 이곳의 지배적인 전통 때문에 이러한 결혼은 아예 생각할 수조차 없다. 두 번째 어려움은, 혁신된 사회주의가 자신의 선구자들과는 달리 계산에 넣고 있는 기능적으로 분화된 사회질서는 강제 없는 구성원들의 다양한 역할 교체를 가능하게 하기 위해 상당히 높은 정도로 헌법과 기본권을 통한 보장을 필요로 한다는 데 있다. 그러나 이러한 헌법

---

164 이러한 난점에 대해서는 Kate Nash (Hg.), *Transnationalizing the Public Sphere*, Cambridge 2014.

165 이에 대해 아주 읽을 만한 것으로는 Forschungsgruppe Weltgesellschaft, "Weltgesellschaft: Identifizierung eines 'Phantoms'", in: *Politische Vierteljahresschrift*, 37/1 (1996), 5-26쪽; Lothar Brock/Mathias Albert, "Entgrenzung der Staatenwelt. Zur Analyse weltgesellschaftlicher Entwicklungstendenzen", in: *Zeitschrift für Internationale Beziehungen*, 2/2 (1995), 259-285쪽.

적 권리 규정들이 아직도 유일한 주권적 법치국가를 통해 형성되고 보장되는 한, 사회적 분화 과정을 일국적 사회로 산입하는 것을 전적으로 포기한다는 것은 분명 현명한 일이 아니다.[166] 이런 점에서 이제부터 사회 이론 내에서는 "방법론적"으로 세계 정치적 범주를 통해 사고하자는 울리히 벡의 제안은 아주 성급한 것이다.[167] 왜냐하면 여기서는 우리의 사회적 현실 중 아직도 광범위한 영역이 얼마나 강하게 일국적 타당성을 갖는 규칙들에 의해 규정되고 있는지가 간과되고 있기 때문이다. 끝으로 사회주의 혁신을 위한 시도가 이 지점에서 직면하고 있는 세 번째 어려움은, 점증하는 국제화라는 사실과 이에 대한 사회적 의식 사이에는 시간적 간극이 존재한다는 데 있다. 오늘날 개별적 행위 영역의 규범적 규칙들이 점차 초국가적 차원에서 규정된다고 하더라도, 대부분의 주민들은 아직도 자신들의 국민 국가적 기관에 이런 식의 규칙을 민주적 의도에 따라 공포하고 바꿀 수 있는 능력을 부여한다. 만약 공론적 견해의 이러한 뒤처짐을 단지 결함 있는 현실감각이나 일상 의식에서 나타난 주술적 우상숭배의 결과로 해석한다면, 이는 분명 이를 오해한 것이다. 오히려 이 속에서 추측해 내야 할 것은 정치적-실천적 욕구의 표현으로서, 이는 자신의 사회적 환경에서 일어난 중요한 사건들에 책임을 묻거나 개입 행위를 요구할 수 있는 일반화된 해당 기관에 책임을

---

166 Tyrell, "Anfragen an die Theorie der gesellschaftlichen Differenzierung", 187쪽.

167 Ulrich Beck/Edgar Grande, "Jenseits des methodologischen Nationalismus: Außereuropäische und europäische Variationen der Zweiten Moderne", in: *Soziale Welt*, 61 (2010), 187-216쪽.

부여하는 것을 말한다. 그러나 아마도 이런 비동시성, 즉 사실적 전개 과정과 이에 대한 공론적 인식 사이의 간극에 대한 적절한 해석이 무엇이든, 이는 어떤 경우에서든 수정된 사회주의의 목표를 위해서는 수용하기 어려운 장애이다. 왜냐하면 한편으로 시민들의 이러한 "뒤처진" 의식을 간단히 건너뛸 순 없기 때문이다. 그 이유는 사회주의의 규범적 기획을 위해서는 이들의 관심과 마음을 얻어야 한다는 데 있다. 그러나 다른 한편 가능한 신속하게 공론적 동의를 획득하기 위해 국가 주권 상실의 실제 규모를 손쉽게 부정할 수도 없다. 이렇게 볼 때 앞의 경우에는 전위주의 혹은 엘리트주의의 위험성이 있다면, 뒤의 경우에는 포퓰리즘의 위험성이 있다.

이 모든 비동시성은 무엇보다도 일단은 사회주의를 본래부터 그리고 무차별적으로 "국제주의적" 기획으로 이해하는 것이 오늘날에는 너무 무분별하고 성급한 일이라는 점을 명확히 해준다. 물론 사회주의는 다름 아닌 민주적 생활양식 형성이라는 목적에 따라 세계적 범위에서 수행되는 실험적 탐색을 촉진시키기 위해 노력한다. 또한 모든 나라에서는 사회주의라는 정신적 보호 아래에서 가능한 한 인격적 관계, 경제적 행위, 그리고 정치적 의사형성이라는 다양한 영역에서 강제 없고 동등한 상호지원 조건을 초래하기 위한 시도가 이루어져야 하며, 이 조건들은 또다시 생활양식이라는 유기체적 전체를 위해 서로를 보완한다. 이런 규범적 의미에서 사회주의가 어떻게 "세계정치적", 혹은 "국제주의적" 기획과 다른 것일 수 있을까. 또한 유럽이나 경제개발 지역의 국민들만이 아니라, 모든 나라의 주민들에게 프랑스 대혁명을 통해 확립된 자유, 평등, 우애 원칙들이 자유주의적 실현 내용을 넘어서 사회가 실제로 "사회적"이 되도록 확장되어야 함을 호소해야 한다. 이러한 비전이 사회적 자유 확장을 위해 다양한 지역에서 시도된 실험들을 정신적으로 통합하는 공동의 띠를 형성해야 한다면, 사회주의는 동시에 단지 이처럼 규범적으로 이해된 국제주의 이상이어야 한다. 사회주의는 조직적으로 볼 때 세계를 포괄하는 운동으로 이해될 수 있어야 하며, 이 운동을 통해 지역적으로 수행된 기획들은 여기서나 저기서나 각기 다른 곳에서 일어난 사회정치적 노력들을 지원하는 방식으로 서로를 보완한다. 이런 식의 사회주의적 국제주의를 위한 규칙을 하나의 단일한 공식에 부어넣는다면, 이는 한 지역에 실험적으로 개입하는 것은 항상 동시에 다른 지역에서 수행된 실험의 성공 전망 역시 높일 수 있어야 한다는 것일 것이다. 이렇게 상호의존성이 강하게 입증됨으로써 모든 개입이 세계적 차원에서의 실행이란 조건 하에서만 성공적으로 테스트된다면, 토마 피케티가 지속적 분배를 위해 권했던 자본세 경우처럼,[168] 실제로 협력적 행위를 통해 동시에 모든 국가의 정치적 결정 담지자들에게 영향을 미치는 비교적 높은 순환이 일어날 것이다. 물론 무엇보다도 지역적 근거를 갖는 실험들 간의 상호 보완이나 세계적 차원의 연결망 모두는 전 지구적으로 행동하는 조직 중심이 존재한다는 전제와 연결되어 있다. 그리고 이런 조직 중심은 국제사면위원회나 그린피스 같은 모델에 따르면, 가능한 많은 국가를 대변함으로써 필요한 협력 작업을 담당할 수 있다. 이런 점에

---

168 Piketty, *Das Kapital im 21. Jahrhundert*, 14장.

서 오늘날 사회주의가 변화된 국가 질서 상황에서 사회운동으로 성장하려면, 지구적 차원에서 성공을 거두고 있는 비정부 조직 모델을 따라 사회적 자유 실현이라는 도덕적 요구를 대표하는 국제적 네트워크를 갖는 기관으로 조직되어야 한다.

이렇게 모든 나라의 경계를 넘어서는 조직적 연결 차원에서 사회주의가 정치적 공론장을 등장시키게 할 수 있기 위해서는 물론 각각 문화적, 법적으로 충분한 공통점을 갖고 있는 지정학적 공간에 뿌리를 내려야 한다. 즉 사회주의는 우선적이고 또 무엇보다도 사회적 폐해를 극복하기 위해 공식적으로 활동하는 시민 집단에 영향을 미치려고 해야 한다는 것이다. 그렇게 된다면 개인들이 규범적 감수성과 관심의 일치를 통해 서로 수렴되는 문제인식을 토대로 공동의 행위 태세를 갖추게 되는 단일한 환경 속에서 사회주의는 정치적 공론장을 등장시킬 수 있다. 여기서는 이런 공론장이 오늘날 아직도 일국 사회적 특성을 갖는지, 아니면 이미 초국적 구성물의 특징을 갖고 있는지 하는 문제는 단지 부차적 의미만 가질 뿐이다. 여기서 결정적인 것은 각각의 경우 가능한 관련자들 사이에서 규범적 감정이 충분히 서로 겹침으로써 이들이 사회적 자유 실현에 있어서 해결되지 않은 문제들을 공동의 도전으로 지각할 수 있다는 점이다. 오히려 오늘날 지구적 차원의 상호의존성을 볼 때 사회주의에 전 세계를 포괄하는 표현 및 조직 형태를 부여하는 것이 아무리 필수적이라 하더라도 사회주의가 실천적-정치적 동원 목적을 위해서는 무엇보다도 현장에서, 다시 말해 의미 있게 평가 가능한 집단적 행위의 관계 영역에서 활동해야 한다. 즉 사회주의는 현장에서부터 기존하는 사회칙서에서 더 강력한 상호 지원과 이에 따른 미래의 사회적 자유 실현 잠재력을 찾아내려는 윤리적 기획 참여자들을 획득하려고 해야 한다는 것이다.

물론 사회주의가 빠져 있는 국제적 네트워크화 압력과 지역적 전통에 토대를 두어야 한다는 요구 사이의 긴장 관계 때문에 오늘날 사회주의는 두 가지 다른 형태로 동시에 나타날 수 있어야 한다. 존 롤스가 만든 유명한 구별을 다소 변형시킨다면 아마도 이렇게 말할 수 있을 것이다.[169] 즉 사회주의는 전 세계를 포괄하는 사회적 자유의 대리인 기능을 정치적 독트린이란 형태로 담당할 수 있지만, 이에 반해 사회주의에는 구체적이고 지역적인 공론장들을 오직 윤리적으로 가까운 한 지역의 문화적 전통과 연결된 주의 주장이란 형태로 동원할 수 있는 힘 역시 부여된다는 것이다. 즉 사회주의가 전 지구에 흩어져 있는 투쟁들을 지적으로 연결시키는 첫 번째 역할 속에서 모든 생활세계적 윤리들을 배제함으로써 각각의 투쟁들이 얇아진 사회적 자유의 원칙들과 친화성이 있음을 가시화시킬 수 있어야 한다면, 현장에서의 사회적 실험을 위한 아이디어 제공이라는 두 번째 역할 속에서는 다시금 문화적으로 가득 찬 포괄적인 "지구적 이론"(롤스)으로 되돌아감으로써 참여자들의 감정과 이성 자체를 얻을 수 있어야 한다. 얼마 전부터 "세계공론장"이라고 지칭된 것 밖으로 나와 보면 사회주의는 오늘날 단지 "정치적" 주의 주장, 즉 윤리

---

169 John Rawls, "Gerechtigkeit als Fairneß: politisch und nicht metaphysisch", in: ders., *Die Idee des politischen Liberalismus. Aufsätze 1978-1989*, Frankfurt/M. 1992, 255-292쪽.

적으로 중립적인 주의 주장으로 나타날 뿐이라고 말할 수 있겠지만, 안으로 들어가 보면 사회주의는 자신의 구체적 관련자들에 대해 단지 생활세계적으로 완전히 상세화된 의미 산출적 이론의 형태로만 영향력을 발휘할 수 있다.[170]

이렇게 하나의 동일한 이념의 두 가지 서로 다른 형태를 연결시키는 작업은 그동안 사회주의에 있어서 점점 더 쉽게 이뤄질 수 있게 되었다. 왜냐하면 사회주의는 자신의 내부로 향한 유동적 사명 속에서 점점 더 결정적으로 생활세계적 윤리들 밖으로 나아가게 되면서 외부의 관심사에 대해 도덕적으로 민감하게 되었기 때문이다. 사회주의가 오늘날 사회적 자유를 촉진한다는 의미에서 영향을 미치려 하는 지역적 기반의 공론장들 중 그 어떠한 것도 그동안 그 주변 세계와 다른 지역에 대해 차단됨으로써 이런 곳에 나타나는 위기와 열망을 자신의 경계 내에서 청취하지 못하는 경우란 없다. 따라서 이들 중 어떠한 것도 공동의 도전을 주제화시키는 데 있어서, 이러한 외부의 요구들이 어떻게 이 도전의 내적 해결 과정에서 고려될 수 있는지를 더 이상 간과해서는 안 된다. 오늘날 사회주의의 모든 집단적 관련자들은 도덕적 초국가화의 소용돌이에 휘말리면서 자신을 겨냥한 각기 다른 관련자들의 요구들에 대해 더 이상 폐쇄적이 될 수 없다. 이것이 오늘날 사회주의가 두 가지 이론 영역 간의 간극을 지속적으로 축소시키기 위해 의존해야만 하는 현재의 발전 경향

---

170 물론 사회주의는 존 롤스의 언어를 사용한다면 "지구적 이론"으로서, 다른 "지구적 이론"과는 달리 일단 "이성적 다원주의"라는 조건 하에서 형성된 "확장적 동의"의 이론적 플랫폼이 될 수 있는 설득력 있는 근거를 사용한다.

이다. 사회주의는 내부로부터, 즉 사회적 자유의 실험적 확장을 위해 각각의 공론장을 획득하려고 시도할 때, 지금까지 배제된 집단의 목소리를 열심히 그리고 분명하게 청취하면서 이를 관철시켜야 하며, 그 결과 이제부터 이들의 관심사를 적합한 해법을 찾는 과정에서 고려할 수 있어야 한다. 이런 식으로 지금 여기에서 공동으로 시작된 자유 확장의 미래 가능성 탐색에 더 강력하게 타자가 참여하면 할수록, 지금까지 서로 분리되었던 사회주의의 두 가지 이론적 형태 사이의 간극은 그만큼 더 작아질 것이다. 왜냐하면 지역적 탐구 과정에 참여한 더 많은 "외부로부터의" 목소리를 통해 탐구적 공론장의 구성원으로 간주될 수 있고, 따라서 윤리적 성격을 갖는 포괄적 독트린의 관련자가 될 수 있는 사람들의 범위가 확장되기 때문이다. 이렇게 지역적으로 정착된 공론장이 폭발적으로 열려져 버리는 과정을 통해 사회주의의 두 가지 특징 사이의 간극이 내부로부터 일단 메꾸어질 수 있게 되면서, 아직도 하나의 유일한 관련자들을 염두에 두고 있는 공론장들이 바로 이 때문에 실제로 붕괴하게 될지는 오늘날 전혀 대답될 수 없는 문제에 속한다. 이에 대해서는 또다시 사회적 자유 이념이라는 실마리에서 시작된 실험들만이 답을 줄 수 있을 것이다. 이를 통해서 우리는 결정되지 않은 미래에 단계적으로 경계선을 그어가면서 탐색적인 방식으로 이를 우리 것으로 만들 수 있기 때문이다.

지금까지의 예정되었던 탐구 과정을 통해 나는 19세기에 뿌리박고 있는 사고틀의 찌꺼기로부터 사회주의를 해방시킴으로써 오늘날 여기에 적합한 모습을 부여하려는 나의 시도의 종착점에 도달했다. 내가 자유주의를 내부로부터 극복할 자유, 평등, 연대의 조화라는 규범적 근본 관심에 오늘날에도 설득력 있는 표현양식을 제시하기 위한 이론적 토대를 만들어 내는 데는 이에 앞서서 수많은 우회로가 필요했으며, 다른 사상 전통에 대한 수많은 차용도 필요했다. 나는 혁명 주체라는 프롤레타리아 사상에 결정적으로 작별을 고했으며, 사회주의 창시자들의 역사관을 역사적 실험주의로 대체했다. 그리고 사회적 자유라는 핵심 사상을 사회 분화라는 현실에 적합하도록 만들었으며, 이러한 개조 과정을 통해 무엇보다도 경제적으로 관리된 사회라는 낡은 비전 역시 민주적 생활양식 비전으로 혁신했다. 이렇게 착수된 수정 작업의 총합을 통해 사회주의가 갖게 된 모습을 보고 이전의 신봉자들 대다수가 한때나마 사회주의의 고유한 관심사이며 이론적 추동력이라고 지각했던 것이 과연 무엇이었는지를 다시 알아내기는 어려울 것이다. 자본주의에 내재된 자기파괴 경향에 대한 믿음이 사라졌고, 항상 새로운 것에 대한 맹아를 이미 자신 속에 갖고 있다는, 자본주의 자체가 산출한 특정한 계급에 대한 희망도 사라졌다. 물론 이러한 실망감 때문에 나의 수정 제안에 의심을 품은 사람이라면 이제 다음과 같이 자문해 보아야만 할 것이다. 혹시 자신들이 애호하는 환상에 대한 경직된 집착 때문에 사회주의 기획에 다시 한 번 미래의 실현 가능성에 대한 정당한 희망을 부여하는 아마도 마지막 기회마저 놓치게 되는 것은 아닌지 말이다. 그러나 기존 질서의 변화 가능성에 대한 희망을 그 어떤 계급의 실행력 대신에, 사회주의가 200년 전부터 최전선에서 그 성공을 위해 참여했던 사회적 진보의 전향적 자취를 통해 정당화하는 것이 오늘날 얼마나 더 현실적인가. 그리고 생산양식만이 아니라, 인격적 관계와 정치적 공동결정 가능성 속에서도 자유 확장의 도덕적 변호자가 된다는 것이 얼마나 더 정확히 오늘날의 변화된 갈등의식에 상응하는 것인가.

내가 상세한 서술을 통해 윤곽을 그렸듯이, 사회적 자유사상이 근대 사회의 세 가지 핵심 영역 모두에 적용된다면, 즉 경제적 행위 영역만이 아니라, 정치적 의사형성과 인격적 관계에서도 이러한 사상을 결실 있게 만든다면, 오늘날 사회주의가 본래의 비전을 통해 무엇을 옹호하려는 것인지가 비로소 실물 그대로 드러난다. 자유주의적 자본주의 내에서 사회주의는 사회적 종속과 배제를 단계적으로 극복하려는 역사적 경향을 대변한다. 왜냐하면 사회주의는 현재의 조건 하에서는 자유, 평등, 연대 사이의 약속된 협력의 실현이 더 이상 가능하지 않다는 점을 항상 그리고 도처에서 주장하고 있기 때문이다. 사회주의적 입장에 따르면 이러한 약속의 실현을 위해서는 무엇보다도 사회구성원들이 강제 없이 상호 협력적으로 활동할 수 있는 제도적 조건을 만들기 위해 모든 핵심적 행위 영역을 변혁하는 것이 필요하다. 따라서 사회주의는 경제적 영역에서 일어나는 타율과 노동소외 극복에 대한 전망만으론 만족할 수 없다. 왜냐하면 사회주의는 근대 사회가 인격적 영역과 민주적 의사형성이라는 다른 두 가지 영역 내에서도 강제, 영향력, 강요가 존재한다는 점에서 오랫동안 진정한 의미에서 사회적이지 않다는 점을 알고 있기 때문이다. 따라서 근본적으로 변화된 사회주의는 자신의 창시자들의 이론적 자기이해보다 더 많은 것을 원하면서도 동시에 더 적은 것을 원한다. 즉 한편으로 사회주의는 더 나은 미래에 대한 비전을 통해 단지 경제적 행위 영역만을 적절한 조치를 통해 사회적이 되게 만들려는 경제 정치적 입장으로 한정되지 않는다. 왜냐하면 사회주의가 그동안 가족 및 사랑 관계와 공론 형성 절차에서도 비로소 사회적 자유의 조건이 조성되어야 한다는 점을 배웠기 때문이다. 그러나 다른 한편으로 사회주의는 자신의 선구자들과는 달리 더 이상 그 어떤 역사적 법칙성에 대한 지식에 의존할 수 없으며, 따라서 다양한 사회 영역에서 조성되어야 할 것들을 항상 반복해서 실험적 탐색과 이에 상응하는 변화된 인식을 통해 알아내야 한다.

그러나 이렇게 수정된 사회주의의 시각이 목적과 수단이란 점에서 아무리 지속적인 적응 과정에 있다 하더라도 사회주의가 향해야 할 것은, 즉 사회주의가 한껏 고무된 채 이미 작동하는 개혁에 대한 역사적 징조를 되돌아 볼 때 이것이 앞으로도 계속해서 가리키고 있어야 할 것은 바로 사회적 생활양식이다. 즉 개인적 자유를 희생하지 않으면서도 연대의 도움을 통해 이를 번성시킬 수 있는 사회적 생활양식 말이다. 나는 이러한 목적을 위해서는 결국 모든 사회적 자유들이 각기 고유한 기능적 차이 속에서 강제 없이 협력하는 것보다 더 좋은 그림은 없다고 본다. 즉 사회구성원들이 각기 자신의 상호작용 동반자의 관심과 도움에 기대어, 인격적이고 정서적인 친밀성, 경제적 독립성, 정치적 자기결정에 대한 공유된 욕구를 해방시킬 때, 우리 사회는 문자 그대로 사회적이 될 것이다.

지은이 **악셀 호네트** Axel Honneth

1949년 독일 에센에서 태어나 본 대학, 보훔 대학, 베를린 자유대학 등에서 철학, 사회학, 독문학을 수학했다. 콘스탄츠 대학과 베를린 자유대학을 거쳐 1996년부터 프랑크푸르트 대학 철학교수로 재직 중이며, 2011년부터는 미국 컬럼비아 대학 철학교수를 겸하고 있다. 2001년부터 프랑크푸르트학파의 산실인 사회연구소 소장직을 맡고 있으며, 1세대인 호르크하이머와 아도르노, 2세대인 하버마스의 뒤를 잇는 3세대 프랑크푸르트학파 철학자로 평가받는다. 탁월한 사회철학적 업적을 인정받아 2015년에 '에른스트 블로흐 상'을 수상했으며, 이듬해에는 『사회주의 재발명』으로 비판적 정치서적에 수여되는 '브루노 크라이스키 저술상'을 받았다. 주요 저서로 『권력 비판』 『인정투쟁』 『정의의 타자』 『분배냐, 인정이냐?』(공저) 『물화』 『우리 안의 나』 『자유의 권리』 등이 있다.

옮긴이 **문성훈**

연세대 철학과를 졸업하고 프랑크푸르트 대학 철학과에서 악셀 호네트 교수의 지도로 박사학위를 받았다. 서울여대 교양학부 현대철학 담당 교수로 재직 중이며, 비판적 연구자들의 모임인 '연구모임 사회비판과 대안'의 일원이기도 하다. 프랑크푸르트학파 기관지 『베스텐트』 한국판 책임편집자를 맡고 있으며, 『교수신문』 편집기획위원이자, '철학연구회' 연구위원장으로도 활동하고 있다. 저서로 『미셸 푸코의 비판적 존재론』 『인정의 시대』 등이 있으며, 사회비판총서 '테제 시리즈'의 공저자로 참여했다. 공역서로 『정의의 타자』 『인정투쟁』 『분배냐, 인정이냐?』 등이 있다.